财务会计实务

赵峰松　郭红秋　主编
费琳琪　张俊清　范晓娟　李　琳　副主编

化学工业出版社
·北京·

内 容 简 介

本书以企业会计岗位职业能力培养为目标，依据往来结算、存货核算、固定资产核算、投资核算、职工薪酬核算、借款核算、收入与税费核算、利润分配与管理、总账与报表9个会计岗位设置典型工作任务，形成"以职业活动为导向，以职业能力为核心"的新形态一体化教材。本书坚持以学生发展为本，注重激发学生的学习兴趣，加强实践能力与创新意识的培养。内容设计紧密结合企业一线岗位实际，凝练工作任务清单及应用案例，以技术教育为主线，以技术操作为重点，着力锻造学生的会计工匠精神。

图书在版编目（CIP）数据

财务会计实务 / 赵峰松，郭红秋主编． —北京：化学工业出版社，2023.4
ISBN 978-7-122-42869-1

Ⅰ．①财… Ⅱ．①赵… ②郭… Ⅲ．①财务会计-会计实务-高等职业教育-教材 Ⅳ．①F234.4

中国国家版本馆 CIP 数据核字（2023）第 039648 号

责任编辑：李彦玲　　　　　　　　　　　　装帧设计：水长流文化
责任校对：宋　夏

出版发行：化学工业出版社（北京市东城区青年湖南街 13 号　邮政编码 100011）
印　　装：三河市延风印装有限公司
787mm×1092mm　1/16　印张 16　字数 331 千字　2023 年 7 月北京第 1 版第 1 次印刷

购书咨询：010-64518888　　　　　　　　　售后服务：010-64518899
网　　址：http://www.cip.com.cn

凡购买本书，如有缺损质量问题，本社销售中心负责调换。

定　价：49.80 元　　　　　　　　　　　　　　　版权所有　违者必究

前言

为全面贯彻党的教育方针，落实立德树人根本任务，及时反映新时代课程教学改革的成果，满足职业院校财经类专业的教学需要及相关人员在岗培训的需求，本书编写组通过深入企业调研，开发完成了本书的编写。本书指导思想是：基于会计工作岗位，开发与设计课程，着重培养岗位职业能力和职业素养。本书以我国财政部和国家税务总局最新颁发的财经法规的相关规定为依据，遵循高等职业教育"以岗位为基础，以能力为本位"的原则，以培养高素质数智化会计人才为目标进行编写。本书具体特点如下。

（1）以"岗位"为载体，以"能力"为核心，理实一体化，突出职业能力培养

由专业骨干教师与企业专家根据会计职业能力的要求，重构教材内容，以"岗位"为载体、"能力"为核心进行横向设计，根据会计工作流程进行纵向设计，纵横交错，充分体现"会计工作过程"的系统化。以培养职业能力为主线，将探究学习、与人交流、与人合作、解决问题、创新能力的培养贯穿始终，充分适应不断创新与发展的工学结合、教学做合一和任务驱动、案例教学、岗位实习等"理实一体化"教学组织与实施形式。

（2）以"任务"为驱动，按会计"岗位"设任务，教学做合一

根据岗位设置模块和任务，将工作任务根据学生特点、教学规律、教学方法转化为教学内容，实现教学工作化，突出实践性、职业性和应用性。按照"以学生为中心、学习成果为导向、促进自主学习"的思路进行教材开发设计，弱化"教学材料"的特征，强化"学习资料"的功能，将"以会计岗位任职要求、职业标准、工作过程或产品"作为主体内容，将相关理论知识点分解到工作任务中，便于运用"工学结合""做中学""学中做""做中教"教学模式，体现"教学做合一"理念。

（3）知识内容对接会计岗位、专业技能大赛和职业资格证书，"岗课赛证"融通

本书融入了全国会计专业技术资格等级考试《初级会计实务》的考试内容，有助于学生取得助理会计师证书；本书内容也是"1+X"财务共享服务职业资格等级考试、全国高等职业院校技能大赛会计赛项必考内容，符合"岗课赛证"融通要求。

（4）新形态一体化教材，实现教学资源共建共享

发挥"互联网＋教材"的优势，本书配备二维码学习资源，手机扫描书中的二维码，即可获得在线数字课程资源的支持，同时提供配套教学课件、课程标准、知识测试与能力训练答案及解析等供任课教师使用，并促进学生即时学习和个性化学习。

（5）校企"双元"合作开发教材，实现校企协同"双元"育人

本书紧跟产业发展趋势和行业人才需求，及时将产业发展的新技术、新工艺、新规范纳入内容，反映典型岗位（群）职业能力的要求，并吸收行业企业技术人员、能工巧匠等深度参与本书编写。本书在编写团队深入企业调研的基础上开发完成，许多案例都来源于企业真实业务。校企合作共同编写本书以及配套教辅资源，实现了产教融合。营口华玖企业管理有限公司孙延辉总经理，具有多年的企业会计工作阅历和社会学员培训经验，为本书的编写提供了诸多宝贵意见。

本书由辽宁农业职业技术学院赵峰松和郭红秋任主编，辽宁农业职业技术学院的费琳琪、张俊清、范晓娟和沈阳职业技术学院李琳任副主编，辽宁农业职业技术学院王健、单丽媛参编。

本书在编写过程中参阅、借鉴了一些相关教材内容和资源，在此对相关作者一并表示诚挚的谢意。

由于编者水平和实践经验有限，书中不妥之处在所难免，敬请读者批评指正。

编 者
2023年3月

目录

模块一
往来结算岗位业务

任务 1	应收账款业务处理	2
任务 2	应收票据业务处理	6
任务 3	预付账款业务处理	11
任务 4	其他应收款业务处理	14
任务 5	应收款项减值业务处理	17
任务 6	应付账款业务处理	22
任务 7	应付票据业务处理	26
任务 8	预收账款业务处理	30
任务 9	其他应付款业务处理	34

模块二
存货核算岗位业务

任务 1	认知存货	41
任务 2	原材料出入库业务处理	47
任务 3	库存商品出入库业务处理	53
任务 4	委托加工物资出入库业务处理	58
任务 5	周转材料出入库业务处理	61
任务 6	存货的清查	65
任务 7	存货的减值	68

模块三
固定资产核算岗位业务

任务 1	固定资产的初始计量	74
任务 2	固定资产的后续计量	81
任务 3	固定资产的期末计量	88
任务 4	无形资产业务处理	92
任务 5	长期待摊费用业务处理	99

模块四
投资核算岗位业务

任务 1	交易性金融资产业务处理	105
任务 2	投资性房地产业务处理	111

模块五
职工薪酬核算岗位业务

| 任务 1 | 货币性职工薪酬业务处理 | 120 |
| 任务 2 | 非货币性职工薪酬业务处理 | 126 |

模块六
借款核算岗位业务

任务 1	短期借款业务处理	135
任务 2	长期借款业务处理	138
任务 3	应付债券业务处理	142

模块七
收入与税费核算岗位业务

| 任务 1 | 收入业务处理 | 150 |
| 任务 2 | 税费业务处理 | 163 |

模块八
利润分配与管理岗位业务

| 任务 1 | 所有者权益业务处理 | 173 |
| 任务 2 | 利润业务处理 | 185 |

模块九
总账与报表岗位业务

任务 1	认识财务报告	199
任务 2	编制资产负债表	202
任务 3	编制利润表	214
任务 4	编制现金流量表	222
任务 5	编制所有者权益变动表	236
任务 6	附注	242

参考文献

模块一
往来结算岗位业务

岗位职责
- 会同有关部门制定本企业的信用政策,建立健全往来款项结算与核对手续制度,执行往来结算清算办法。
- 及时提供、分析客户欠款情况,督促有关方面及时进行往来款项的结算,有效控制应收款项的坏账损失,提高回收率。
- 负责办理往来款项的结算和明细核算。
- 负责会同有关部门对往来款项定期进行清理核对,做好往来款项的清收及核销工作,以提高企业资金的利用效率。
- 按时完成财务经理交办的相关工作。

知识目标
- 说明各项应收及预付款项和应付及预收款项的核算范围。
- 归纳各项应收及预付款项和应付及预收款项的核算方法。

能力目标
- 能够准确识别往来结算业务的原始凭证。
- 能够准确填制往来结算业务的记账凭证。
- 能够准确开设和登记往来结算业务明细账。
- 能够合理预计坏账损失,并进行相应的账务处理。

素质目标
- 培养"诚信为本、操守为重、遵循准则、不做假账"的职业操守。
- 培养学生良好的沟通能力。
- 培养学生认真、细心、严谨的工作作风。
- 树立职业诚信精神和科学质疑精神。

  往来结算业务是指企业在生产经营过程中发生的各种应收、预付业务及应付、预收业务。本模块主要涉及应收账款、应收票据、预付账款、其他应收款、应收款减值业务、应付账款、应付票据、预收账款和其他应付款的业务处理,应收股利、应收利息、应付股利、应付利息等在其他相关模块介绍。

任务1　应收账款业务处理

任务清单1-1　应收账款业务处理

项目名称	任务清单内容
任务导入	宜诚公司（增值税一般纳税人，下同）6月5日与甲企业签订赊销合同，销售商品500件，每件不含税标价100元，由于数量较大，给予10%的商业折扣，商品已发出，增值税税率为13%。当日开具增值税专用发票，并以银行存款代垫运费2000元、增值税税额180元（运费发票开给购货方）。6月25日，出纳取回银行收款通知单，该笔款项已入账
任务目标	了解不同销售条件下应收账款的计价方法，能够识别业务条件，完成应收账款发生、收回业务的会计处理
任务要求	根据任务导入，综合运用资源，完成以下任务。 （1）说明不同销售方式下应收账款的计价方法； （2）对宜诚公司的应收账款业务进行相关会计处理
任务实施	1. 说明不同销售方式下应收账款的计价方法 2. 对宜诚公司应收账款业务进行相关会计处理 （1）编制宜诚公司6月5日赊销商品的会计分录： 商业折扣后的售价＝ 应收账款的入账价值＝ （2）6月25日付款，编制宜诚公司收到货款的分录：
任务总结	通过完成上述任务，你学到了哪些知识或技能？
实施人员	
任务点评	

岗位知识

一、认知应收账款

应收账款是指企业因销售商品、提供服务等经营活动，应向购货单位或接受劳务单位收取的款项，主要包括应收取的货款、应收取的增值税销项税额、代购货单位垫付的包装费、运杂费等。

应收账款的确认与收入的确认密切相关，一般应于收入实现时确认。

> **点睛** 对于各种非经营业务而发生的各种应收款项，如应收职工欠款、存出保证金、应收股利和利息、应收租金等债权，不属于"应收账款"的核算内容，分别在"其他应收款""应收股利""应收利息"中核算。

二、应收账款的账务处理

为了反映和监督应收账款的增减变动及其结存情况，企业应设置"应收账款"科目。该科目的借方登记应收账款的增加，贷方登记应收账款的收回及确认的坏账损失，期末余额一般在借方，反映企业尚未收回的应收账款；如果期末余额在贷方，一般为企业预收的账款。该科目应按对方单位名称设置明细科目进行明细核算。

（一）无商业折扣和现金折扣的核算

企业销售商品或提供服务时，如果没有提供商业折扣和现金折扣，应收账款的入账价值应在收入实现时，按买卖双方成交时的实际发生额（包括发票金额和代垫的运输费等）确定，借记"应收账款"科目。

（二）商业折扣情况下的核算

商业折扣是指在商品交易时，为了鼓励客户多购买商品而从商品价目单上所列售价的基础上扣减一定的数额，是卖方视买方购买数量多少而给予的价格优惠，通常用百分数表示，如5%、10%等，扣减后的金额才是实际销售价格。

在存在商业折扣的情况下，销售方应收账款的入账金额应按扣除商业折扣后的实际成交价格予以确定，借记"应收账款"科目。

> **点睛** 由于商业折扣在交易成立、实际付款之前即已扣除，因此，在存在商业折扣的情况下，销售方应收账款的入账金额，应是扣除商业折扣后的实际成交价格。

(三）现金折扣情况下的核算

现金折扣是指企业为了鼓励客户在一定期限内及早付款，而给予对方的一种折扣优惠，一般在合同中以"折扣/付款期限"的形式表示。通常表示为"2/10，1/20，$n/30$"，即信用期为30天，且10天内付款，按售价给予2%折扣；超过10天，但在20天内付款，折扣为1%；超过20天，则全额付款。现金折扣使企业收回应收账款的金额随着客户付款的时间而有所差异。

附有现金折扣条件的商品销售，在确认应收账款时，应将应收账款总额（不考虑现金折扣的总额）扣除估计最有可能发生的现金折扣（可变对价）后的余额记入"应收账款"科目，将不含增值税的交易总价扣除估计的现金折扣后的余额确认为主营业务收入，按照应交增值税税额贷记"应交税费——应交增值税（销项税额）"科目。

资产负债表日，重新估计可能收到的对价金额，如果实际收款时间迟于或早于估计的收款时间，则客户因此丧失或享受的现金折扣额应作为可变对价，调增或调减应收账款和主营业务收入。

> **点睛** 按照现行收入准则的规定，现金折扣属于可变对价，需要在每期末对可变对价进行评估，并对已确认的应收账款和收入做相应调整。

技能窗 企业应收账款业务的主要账务处理如表1-1所示。

表1-1 应收账款的账务处理

业务		账务处理
商业折扣	销售实现	借：应收账款 贷：主营业务收入（按扣除商业折扣后的金额确认） 　　应交税费——应交增值税（销项税额）（按扣除商业折扣后的金额计算）
	收回货款	借：银行存款 贷：应收账款
现金折扣	销售实现	借：应收账款 贷：主营业务收入（不含增值税的交易总价扣除最有可能发生的现金折扣） 　　应交税费——应交增值税（销项税额）（按应交增值税税额计算）

续表

业务		账务处理
现金折扣	资产负债表日重新估计收款时间迟于原估计收款时间	借：应收账款 贷：主营业务收入（估计购买方将丧失的现金折扣金额）
	资产负债表日重新估计收款时间早于估计收款时间	借：应收账款 贷：主营业务收入（估计购买方将多享受的现金折扣金额）

知识链接

知识锦囊

拓展提升

2021年7月8日，宜诚公司与Y公司签订合同，采用赊销方式销售一批商品，价款为30000元，增值税税额为3900元，当日开具增值税专用发票。双方约定的付款条件为"2/30，1/60，n/90"。折扣时不考虑增值税。假设销售成立时宜诚公司估计Y公司在8月8日前付款，但截至8月8日，Y公司尚未支付货款，经协商，Y公司同意于9月8日前支付货款。Y公司实际付款时间为9月5日。对宜诚公司上述业务进行会计处理。

任务解析

任务2　应收票据业务处理

任务清单1-2　应收票据业务处理

项目名称	任务清单内容
任务导入	宜诚公司于6月15日向甲企业销售一批商品，货款总计为30000元，适用增值税税率为13%。公司于当日收到购货方签发并承兑的商业承兑汇票一张，票面金额为33900元，期限4个月
任务目标	了解应收票据的核算内容及票据的分类，能够识别业务条件，完成应收票据的发生、收回等业务的会计处理
任务要求	根据任务导入，综合运用资源，完成以下任务。 （1）说明应收票据的分类； （2）对宜诚公司的应收票据业务进行相关会计处理
任务实施	1. 说明应收票据的分类 2. 对宜诚公司应收票据业务进行相关会计处理 （1）编制宜诚公司6月15日赊销商品的会计分录： （2）编制宜诚公司收到货款的分录： （3）如果票据到期，宜诚公司未收到货款，应编制的分录：
任务总结	通过完成上述任务，你学到了哪些知识或技能？
实施人员	
任务点评	

岗位知识

一、认知应收票据

应收票据是指企业因销售商品、提供服务等而收到的商业汇票。商业汇票是一种由出票人签发、委托付款人在指定日期无条件支付确定金额给收款人或者持票人的票据。

商业汇票的付款期限最长不得超过6个月。商业汇票的提示付款期限为自汇票到期日起10日。符合条件的商业汇票的持票人，可以持未到期的商业汇票连同贴现凭证向银行申请贴现。

商业汇票按承兑人的不同，分为商业承兑汇票和银行承兑汇票两种；按是否带息，分为不带息商业汇票和带息商业汇票两种。

二、应收票据的账务处理

为了反映和监督应收票据取得、票据收回等情况，企业应当设置"应收票据"科目，可按照开出、承兑商业汇票的单位进行明细核算，并设置"应收票据备查簿"，逐笔登记商业汇票的种类、号数和出票日、票面金额等资料，商业汇票到期结清票款或退票后，在备查簿中应予注销。

> **职业判断** 企业采用银行汇票结算方式销售一批货物，新入职的小李收到销售发票、银行汇票等相关凭证后，确认了销售收入、增值税销项税额，同时确认了"应收票据"，请根据所学知识，判断小李的处理是否正确。

（一）取得票据的核算

企业销售商品或提供服务等而收到的商业汇票，按商业汇票的票面金额记入"应收票据"科目。

应收票据取得的原因不同，其账务处理也有所不同。因销售商品、提供服务等而收到开出、承兑的商业汇票，借记"应收票据"科目，贷记"主营业务收入""应交税费——应交增值税（销项税额）"等科目；因债务人抵偿前欠货款而取得的应收票据，借记"应收票据"科目，贷记"应收账款"科目。

（二）票据背书转让的核算

企业将持有的商业汇票背书转让，以取得所需物资时，按应计入取得物资成本的金额，借记"在途物资""原材料""库存商品"等科目，按增值税专用发票上注明可抵扣的增值税额，借记"应交税费——应交增值税（进项税额）"科目，按商业汇票的票面金额贷记"应收票据"科目，如有差额，借记或贷记"银行存款"等科目。

【案例1-1】宜诚公司将收到的甲企业商业承兑汇票（票面金额226000元）背书转让给乙企业，抵付购入的一批原材料，原材料价款为300000元，增值税税额为39000元，已验收入库，余款以银行存款支付。为宜诚公司编制会计分录。

（三）票据到期的核算

应收票据到期收回时，按实际收到的金额，借记"银行存款"科目，按应收票据的账面余额，贷记"应收票据"科目。

商业承兑汇票到期，如果承兑人违约拒付或无力支付票款，企业收到银行退回的商业承兑汇票、委托收款凭证、未付票款通知书或拒绝付款证明等时，借记"应收账款"科目，贷记"应收票据"科目。

技能窗 应收票据业务的主要账务处理如表1-2所示。

表1-2　应收票据的账务处理

业务	账务处理
销售实现	借：应收票据 贷：主营业务收入 　　应交税费——应交增值税（销项税额）
票据到期收回	借：银行存款 贷：应收票据
票据到期无法收回	借：应收账款 贷：应收票据
票据背书转让	借：原材料等 　　应交税费——应交增值税（进项税额） 　　银行存款（收到退回多余货款） 贷：应收票据 　　银行存款（补付不足货款）

续表

业务		账务处理
票据贴现		借：银行存款（实得金额） 　　财务费用（贴现利息） 贷：应收票据
贴现票据到期	承兑人偿付票款	不做账务处理
	承兑人无力偿付票款	贴现企业银行存款账户余额充足： 借：应收账款 贷：银行存款 贴现企业银行存款账户余额不足： 借：应收账款 贷：短期借款

知识链接

知识锦囊

拓展提升

票据贴现的核算

企业收到商业汇票，如在到期前急需资金，可持未到期的商业汇票经过背书后向其开户银行申请贴现。贴现是指票据持有人将未到期的票据背书转让给银行，由银行从票据到期值中扣除按银行贴现率计算的贴现日至票据到期日的贴现利息，将余额付给持票人的融资行为。

票据贴现有关计算公式如下。

1. 票据到期值

票据到期值 = 票据面值 × （1 + 年利率 × 票据到期天数 ÷ 360）

　　　　　 = 票据面值 × （1 + 年利率 × 票据到期月数 ÷ 12）

不带息应收票据的到期值就是票据面值。

任务解析

2. 票据贴现天数

票据贴现天数 = 贴现日至票据到期日的实际天数 − 1

即票据贴现天数的计算采用"算头不算尾"或"算尾不算头"的方法计算。

3. 票据贴现利息

票据贴现利息 = 票据到期值 × 年贴现率 × 票据贴现天数 ÷ 360

4. 票据贴现净额

票据贴现净额 = 票据到期值 − 票据贴现利息

宜诚公司于3月5日向甲企业销售一批产品，价款为200000元，货款尚未收到，适用的增值税税率为13%，货已发出，已办妥委托收款手续。3月15日，宜诚公司收到甲企业寄来的一张6个月期限的商业承兑汇票，面值为226000元，抵付前欠产品价款和增值税款。宜诚公司于6月17日持该票据向银行申请贴现，若银行规定，承兑人不付款时，宜诚公司不承担连带偿还责任，年贴现率为12%。

要求：编制宜诚公司取得票据及贴现时的会计分录。

任务3 预付账款业务处理

任务清单1-3 预付账款业务处理

项目名称	任务清单内容
任务导入	宜诚公司于3月15日按照合同规定向信达公司预付购买原材料款30000元。4月2日,宜诚公司收到原材料,信达公司开来的增值税专用发票上注明价款50000元、增值税税额6500元。4月5日,宜诚公司通过银行电汇补足款项
任务目标	说明预付账款业务核算方法,能够识别业务条件,正确对预付账款业务进行会计处理
任务要求	根据任务导入,综合运用资源,完成宜诚公司预付账款业务相关会计处理
任务实施	对宜诚公司预付账款业务进行相关会计处理。 (1)编制宜诚公司3月15日向信达公司预付材料款的会计分录: (2)编制宜诚公司4月2日收到材料分录: (3)编制宜诚公司4月5日补付货款的分录:
任务总结	通过完成上述任务,你学到了哪些知识或技能?
实施人员	
任务点评	

> 岗位知识

一、认知预付账款

预付账款是企业按照有关合同预先支付给供货方或提供服务方的款项，如预付的材料货款、商品采购货款、在建工程价款等。

二、预付账款的账务处理

为了反映和监督预付账款的增减变动及其结存情况，企业应当设置"预付账款"科目，该科目借方登记预付的款项及补付的款项，贷方登记收到所购物资时根据有关发票账单计入"原材料"等账户的金额及收回多付款项的金额；期末余额在借方，反映企业实际预付的款项；期末余额在贷方，反映企业应付或应补付的款项。该科目的明细账应按供货企业的名称设置。

点睛 预付货款业务不多的企业，可以不单独设置"预付账款"科目，其所发生的预付货款，可通过"应付账款"科目核算。

企业因购货而预付款项时，借记"预付账款"科目，贷记"银行存款"科目。收到所购物资时，根据发票账单等列明应计入购入物资成本的金额，借记"在途物资""材料采购""原材料"或"库存商品"等科目，按专用发票上注明的增值税税额，借记"应交税费——应交增值税（进项税额）"科目，按应付金额，贷记"预付账款"科目。按补付的款项，借记"预付账款"科目，贷记"银行存款"科目；按退回多付的款项，借记"银行存款"科目，贷记"预付账款"科目。

技能窗 企业预付账款的主要账务处理如表1-3所示。

表1-3　预付账款的账务处理

业务	账务处理
预付款项	借：预付账款 贷：银行存款
收到所购物资	借：原材料等 　　应交税费——应交增值税（进项税额） 贷：预付账款
补付不足货款	借：预付账款 贷：银行存款

续表

业务	账务处理
收回多余款项	借：银行存款 贷：预付账款

知识链接

知识锦囊

拓展提升

宜诚公司于9月10日按照合同规定向华美公司预付购买原材料款50000元。9月25日，宜诚公司收到原材料，华美公司开来的增值税专用发票上注明价款40000元，增值税税额为5200元。9月28日，宜诚公司收到银行收款通知单，系华美公司退回多付款项。

要求：编制宜诚公司预付账款相关业务的会计分录。

任务解析

任务4　其他应收款业务处理

任务清单1-4　其他应收款业务处理

项目名称	任务清单内容
任务导入	宜诚公司技术科李强5月5日因公出差向公司借款3000元，出纳以现金支付。5月12日，李强出差归来报销差旅费总计3200元，不足款项出纳以现金支付
任务目标	了解其他应收款核算的具体内容，能够根据业务条件完成其他应收款业务的会计处理
任务要求	根据任务导入，综合运用资源，完成以下任务。 （1）说明其他应收款核算的内容； （2）对宜诚公司的其他应收款业务进行相关会计处理
任务实施	1. 说明其他应收款核算的内容 2. 对宜诚公司的其他应收款业务进行相关会计处理 （1）编制宜诚公司5月5日支付李强借款的会计分录： （2）编制5月12日李强报销差旅费的会计分录：
任务总结	通过完成上述任务，你学到了哪些知识或技能？
实施人员	
任务点评	

岗位知识

一、认知其他应收款

其他应收款是指企业除应收票据、应收账款、预付账款、应收股利和应收利息以外的其他各种应收及暂付款项。其主要内容包括：

（1）应收的各种赔款、罚款，如因企业财产等遭受意外损失而应向有关保险公司收取的赔款等。

（2）应收出租包装物的租金。

（3）应向职工收取的各种垫付款项，如为职工垫付的水电费，应由职工负担的医药费、房租费等。

（4）存出保证金，如租入包装物支付的押金。

（5）其他各种应收、暂付款项。

二、其他应收款的账务处理

为了反映和监督其他应收款的增减变动及其结存情况，企业应当设置"其他应收款"科目进行核算。该科目借方登记其他应收款的增加，贷方登记其他应收款的收回，期末余额一般在借方，反映企业尚未收回的其他应收款项。该科目应按各种应收暂付项目分类，并应按每项应收款的不同债务人设置明细科目，进行明细核算。

企业发生各种其他应收款时，应借记"其他应收款"科目，贷记"库存现金""银行存款"等科目。收回其他各种应收款项时，借记"库存现金""银行存款"等科目，贷记"其他应收款"科目。

技能窗 企业其他应收款的主要账务处理如表1-4所示。

表1-4 其他应收款的账务处理

业务	账务处理
发生各种应收、暂付款项时	借：其他应收款 贷：银行存款等
收回各种应收、暂付款项时	借：银行存款等 贷：其他应收款

知识链接

知识锦囊

拓展提升

宜诚公司于6月1日租入一批包装物，以银行存款向出租方支付押金3000元。6月10日，宜诚公司退回租入的包装物，收到对方退回的押金。

要求：编制该公司6月1日支付押金、6月10日收回押金的会计分录。

任务解析

任务5　应收款项减值业务处理

任务清单1-5　应收款项减值业务处理

项目名称	任务清单内容
任务导入	宜诚公司2021年12月初"坏账准备"账户贷方余额为20000元，12月15日应收丙公司的销货款实际发生坏账损失30000元，年末应收账款的余额为840000元，宜诚公司根据预计信用减值损失确定方法，预计应收账款的违约概率为10%
任务目标	了解应收款项减值，说明坏账的核算方法，能够对坏账的计提、转销等进行会计处理
任务要求	根据任务导入，综合运用资源，完成以下任务。 （1）阐述应收款项减值的核算方法； （2）对宜诚公司坏账准备的业务进行相应会计处理
任务实施	1. 阐述应收款项减值的核算方法 2. 对宜诚公司坏账准备的业务进行相应会计处理 （1）12月15日，宜诚公司确认应收丙公司的坏账损失： （2）年末计提坏账准备： 宜诚公司2021年年末坏账准备应有数＝ 宜诚公司2021年年末坏账准备应计提数＝
任务总结	通过完成上述任务，你学到了哪些知识或技能？
实施人员	
任务点评	

> 岗位知识

一、认知应收款项减值

企业的各项应收款项可能会因债务人拒付、破产、死亡等信用缺失原因而使部分或全部无法收回，会使得应收款项的可收回金额低于其账面价值，由此造成应收款项减值。这类无法收回的应收款项就是坏账，企业因坏账而遭受的损失为坏账损失或减值损失。

二、应收款项减值的账务处理

应收款项减值有两种核算方法，即直接转销法和备抵法。小企业会计准则规定，应收款项减值采用直接转销法。我国企业会计准则规定，应收款项减值的核算应采用备抵法。

（一）直接转销法

采用直接转销法，日常核算中应收款项可能发生的坏账损失不进行会计处理，只有在实际发生坏账时，才作为坏账损失计入当期损益。

1. 坏账损失的确认

小企业应收及预付款项符合下列条件之一的，减除可收回的金额后确认无法收回的应收及预付款项，作为坏账损失。

（1）因债务人依法宣告破产、关闭、解散、被撤销，或者被依法注销、吊销营业执照，其清算财产不足清偿的。

（2）债务人死亡，或者依法被宣告失踪、死亡，其财产或者遗产不足清偿的。

（3）债务人逾期3年以上未清偿，且有确凿证据证明已无力清偿债务的。

（4）与债务人达成债务重组协议或法院批准破产重整计划后，无法追偿的。

（5）因自然灾害、战争等不可抗力导致无法收回的。

（6）国务院财政、税务主管部门规定的其他条件。

2. 坏账损失的账务处理

按照小企业会计准则规定确认应收账款实际发生的坏账损失，应当按照可收回的金额，借记"银行存款"等科目，按其账面余额，贷记"应收账款"等科目，按照其差额，借记"营业外支出——坏账损失"科目。

（二）备抵法

备抵法是指采用一定的方法按期确定预期信用损失计入当期损益，作为坏账准备，待坏账损失实际发生时，冲销已计提的坏账准备和相应的应收款项。采用这种方法需要对预期信用损失进行复杂的评估和判断，履行预期信用损失的确定程序。

1. 预期信用损失的确定方法

预期信用损失，是指以发生违约的风险为权重的金融工具信用损失的加权平均值。其中，信用损失是指企业按照实际利率折现的、根据合同应收的所有合同现金流量与预期收取的所有现金流量之间的差额。

考虑到应收款项的流动性特征，实务中通常按照应收款项的账面余额和预计可收回金额的差额确定预计信用减值损失，即按照在应收款项初始确认时所确定的预计存续期内的违约概率与该应收款项在资产负债表日所确定的预计存续期内的违约概率，来判定应收款项信用风险是否显著增加。

2. 坏账准备的账务处理

为了核算应收款项等债权信用损失的增减变动情况，企业应设置"信用减值损失"科目和"坏账准备"科目。

"信用减值损失"科目核算企业计提的各项金融工具减值准备所形成的预期信用损失。"坏账准备"科目核算应收款项的坏账准备计提、转销等事项。"坏账准备"科目的贷方登记当期计提的坏账准备、收回已转销的应收款项而恢复的坏账准备，借方登记实际发生的坏账损失金额和冲减的坏账准备金额，期末贷方余额反映企业已计提但尚未转销的坏账准备。

在预期信用损失法下，企业可以采用账龄分析法或余额百分比法等方法计提坏账准备。

坏账准备计提的金额可按以下公式计算：

当期应计提的坏账准备＝当期按应收款项计算的坏账准备金额－（或＋）计提前"坏账准备"科目的贷方（或借方）余额

点睛 采用账龄分析法和应收款项余额百分比法估计的坏账损失金额，是"坏账准备"账户期末计提坏账准备后贷方应有金额，而不是当期需要计提的金额。

（1）计提坏账准备　企业计提坏账准备时，按当期应计提的坏账准备金额，借记"信用减值损失——计提的坏账损失"科目，贷记"坏账准备"科目。冲减多计提的坏账准备时，借记"坏账准备"科目，贷记"信用减值损失——计提的坏账损失"科目。

（2）转销坏账　企业确实无法收回的应收款项，按管理权限报经批准后作为坏账转销时，应当冲减已计提的坏账准备。借记"坏账准备"科目，贷记"应收账款""其他应收款"等科目。

（3）收回已确认坏账并转销应收款项　已确认并转销的应收款项以后又收回，应当按照实际收到的金额，借记"应收账款""其他应收款"等科目，贷记"坏账准备"科目；同时，借记"银行存款"科目，贷记"应收账款""其他应收款"等科目。

> **技能窗** 企业应收款项减值的主要账务处理如表1-5所示。

表1-5 应收款项减值的账务处理

	业务	账务处理
小企业会计准则	发生坏账	借：银行存款 　　营业外支出 贷：应收账款
企业会计准则	计提坏账准备	借：信用减值损失——计提的坏账损失 贷：坏账准备
	冲销多计提的坏账准备	借：坏账准备 贷：信用减值损失——计提的坏账损失
	确认坏账	借：坏账准备 贷：应收账款等
	已确认并转销的应收款项又收回	借：应收账款等　　同时借：银行存款 贷：坏账准备　　　　　贷：坏账准备

知识链接

知识锦囊

拓展提升

假设宜诚公司拟对2021年应收账款采用账龄分析法进行坏账损失的预计，有关账龄资料和估计的违约概率如表1-6所示。

任务解析

表1-6 账龄资料和估计的违约概率

应收账款账龄	应收账款余额	违约概率
未到期	524000	1%
逾期1年以下	184000	5%
逾期1~2年（含1年）	56000	10%
逾期2~3年（含2年）	24000	20%
逾期3年以上（含3年）	52000	100%
合计	840000	—

要求：编制宜诚公司坏账准备的相关会计分录。

任务6　应付账款业务处理

任务清单1-6　应付账款业务处理

项目名称	任务清单内容
任务导入	宜诚公司8月1日从A公司购入一批材料，增值税专用发票上注明的价款为100000元，增值税税额为13000元，同时对方代垫运费1000元，增值税税额90元，已收到对方开具的增值税专用发票和转来的运费发票，材料验收入库，款项尚未支付。8月25日，通过银行电汇偿付该笔材料款
任务目标	了解应付账款的计价方法，能够识别业务条件，完成应付账款发生、支付业务的会计处理
任务要求	根据任务导入，综合运用资源，完成以下任务。 1. 阐述应付账款的计价方法； 2. 对宜诚公司的应付账款业务进行相关会计处理
任务实施	1. 阐述应付账款的计价方法 2. 对宜诚公司的应付账款业务进行相关会计处理 （1）编制宜诚公司8月1日购买材料的会计分录： （2）8月25日付款，编制宜诚公司支付货款的分录：
任务总结	通过完成上述任务，你学到了哪些知识或技能？
实施人员	
任务点评	

岗位知识

一、认知应付账款

应付账款是指企业因购买材料、商品或接受服务供应等经营活动而应付给供应单位的款项。

二、应付账款的账务处理

企业应设置"应付账款"科目核算应付账款的发生、偿还、转销等情况。该科目贷方登记应付未付款项的增加，借方登记应付未付款项的减少，期末贷方余额反映企业尚未支付的应付账款余额。本科目可按债权人设置明细科目进行明细核算。

（一）发生应付账款

企业购入材料、商品等验收入库，但货款尚未支付，根据有关凭证（发票账单、随货同行发票上记载的实际价款或暂估价值），借记"在途物资""原材料""库存商品"等科目，贷记"应付账款"科目；支付价款时，借记"应付账款"账户，贷记"银行存款"科目；企业接受供应单位提供劳务而发生的应付未付款项，根据供应单位的发票账单，借记"生产成本""管理费用"等科目，贷记"应付账款"科目。涉及增值税进项税额的，还应进行相应的处理。

> **点睛** 实务中，企业外购电力、燃气等动力一般通过"应付账款"科目核算，即每月付款时先做暂付款处理，借记"应付账款"科目，贷记"银行存款"科目，月末分配外购动力时，借记"生产成本""制造费用""管理费用"等科目，贷记"应付账款"科目。

实务中在所购材料、商品已经验收入库，但是发票未能同时到达的情况下，实务中暂不进行处理，在会计期末，如发票账单仍未到达，为了反映企业的负债情况，需要将所购材料、商品和相关的应付账款暂估入账，借记"原材料"科目，贷记"应付账款——暂估应付账款"科目，待下月初用红字将上月末暂估入账的应付账款予以冲销。

（二）偿还应付账款

企业偿还应付账款或开出商业汇票抵付应付账款时，借记"应付账款"科目，贷记"银行存款""应付票据"科目。

（三）转销应付账款

应付账款一般在较短期限内支付，但有时由于债权单位撤销或其他原因而使应付账款无法清偿。企业对于确实无法支付的应付账款应予以转销，按其账面余额计入营业外收入，借记"应付账款"科目，贷记"营业外收入"科目。

技能窗 企业应付账款的主要账务处理如表1-7所示。

表1-7 应付账款的账务处理

业务			账务处理
购入材料、商品等，价款未付	货单全到		借：原材料等 　　应交税费——应交增值税（进项税额） 贷：应付账款
	货到单未到	平时	不做账务处理，收到发票账单再进行账务处理
		月末仍未收到发票账单，暂估入账	借：原材料等 贷：应付账款——暂估应付账款
		下月初	将上月末暂估入账分录冲回，待收到发票账单按正常程序进行账务处理 借：原材料等　红字 贷：应付账款——暂估应付账款　红字
接受劳务			借：生产成本等 　　应交税费——应交增值税（进项税额） 贷：应付账款
偿还应付账款			借：应付账款 贷：银行存款 　　应付票据（用已承兑商业汇票抵付应付账款）
转销无法偿付的应付账款			借：应付账款 贷：营业外收入

知识链接

知识锦囊

拓展提升

应付账款的入账金额一般以应付金额为依据。如果卖方企业为了鼓励买方企业尽早偿付账款,在形成应付账款时带有现金折扣条件,则应付账款入账金额的确定有以下两种方法。一是按发票记载的应付金额的总值入账,简称总价法。在折扣期限内取得现金折扣视为理财收益,冲减财务费用。二是按发票账单上记载的全部应付金额扣除折扣后的净值记账,简称净价法。未在折扣期内支付货款而丧失的折扣优惠,计入财务费用。

任务解析

宜诚公司于7月15日从丁公司购入一批材料,增值税专用发票上注明价款20000元,增值税税额2600元,材料已验收付款,付款条件为"2/10,1/20,$n/30$",计算现金折扣时不考虑增值税。

要求:采用总价法编制宜诚公司发生应付账款、偿还应付账款(分别假定在7月20日、8月1日和8月15日付款)的会计分录。

任务7 应付票据业务处理

任务清单1-7 应付票据业务处理

项目名称	任务清单内容
任务导入	宜诚公司7月5日采购一批原材料,取得的增值税专用发票上注明材料价款为120000元,增值税税额为15600元,材料已验收入库。公司采用商业汇票结算方式结算货款,当日开出并承兑期限为3个月、面值为135600元的商业汇票一张
任务目标	了解应付票据的核算内容及票据的分类,能够识别业务条件完成应付票据的发生、收回等业务的会计处理
任务要求	根据任务导入,综合运用资源,完成以下任务。 (1)说明票据到期无法偿付时企业的会计处理; (2)对宜诚公司的应付票据业务进行相关会计处理
任务实施	1. 说明票据到期无法偿付时企业的会计处理 2. 对宜诚公司的应付票据业务进行相关会计处理 (1)编制宜诚公司7月5日购入原材料的会计分录: (2)编制宜诚公司票据到期偿还货款的会计分录:
任务总结	通过完成上述任务,你学到了哪些知识或技能?
实施人员	
任务点评	

> 岗位知识

一、认知应付票据

应付票据是指企业购买材料、商品或接受服务供应等而开出、承兑的商业汇票,包括商业承兑汇票和银行承兑汇票。

我国商业汇票的付款期限不超过6个月,因此企业应将应付票据作为流动负债管理和核算。同时,由于应付票据的偿付时间比较短,在会计实务中,一般均按照开出、承兑的应付票据的面值入账。

二、应付票据的账务处理

企业应设置"应付票据"科目,核算应付票据的发生、偿付等情况。该科目贷方登记开出承兑汇票的面值,借方登记支付票据的金额或无力支付而转出的应付票据金额,期末余额在贷方,反映企业尚未到期的商业汇票的金额。

企业应当设置"应付票据备查簿",详细登记商业汇票的种类、号数和出票日期、到期日、票面余额、交易合同号和收款人姓名或单位名称以及付款日期和金额等资料。应付票据到期结清时,上述内容应当在备查簿内予以注销。

(一)开出应付票据

企业开出、承兑商业汇票或以承兑商业汇票抵付货款、应付账款时,借记"在途物资""库存商品""应付账款""应交税费——应交增值税(进项税额)"等科目,贷记"应付票据"科目。企业开出银行承兑汇票而支付银行承兑汇票的手续费时,借记"财务费用"科目,贷记"银行存款"科目,涉及增值税进项税额的,还应做相应的处理。

(二)偿付应付票据

企业开具的商业汇票到期支付票据款时,根据开户银行付款通知,借记"应付票据"科目,贷记"银行存款"科目。

(三)转销应付票据

应付商业承兑汇票到期,企业无力支付票款,由于商业汇票已经失效,企业应将应付票据按账面余额转作应付账款,借记"应付票据"科目,贷记"应付账款"科目。

应付银行承兑汇票到期,如企业无力支付票款,则由承兑银行代为支付并作为付款企业的贷款处理,企业应将应付票据的账面余额转作短期借款,借记"应付票据"科目,贷记"短期借款"科目。

> **点睛** 如果商业汇票是带息票据，期末计算应付利息时，借记"财务费用"科目，贷记"应付利息"科目。如果票据金额期限较短、利息金额不大，根据重要性原则，票据利息可在年末计提利息或到期支付时计入财务费用。

技能窗 应付票据业务的账务处理如表1-8所示。

表1-8 应付票据业务的账务处理

业务		账务处理
签发、承兑商业汇票		借：原材料等 　　应交税费——应交增值税（进项税额） 贷：应付票据
票据到期支付货款		借：应付票据 贷：银行存款
票据到期无力支付	商业承兑汇票	借：应付票据 贷：应付账款
	银行承兑汇票	借：应付票据 贷：短期借款

知识链接

知识锦囊

拓展提升

宜诚公司于6月1日购进一批材料，增值税专用发票上注明价款为30000元，增值税进项税额为3900元，材料验收入库。公司开出并经银行承兑的商业汇票一张，期限3个月，面值33900元。交纳银行承兑手续费16.95元，其中增值税税额0.96元，取得银行开来的手续费增值税专用发票。9月1日，商业汇票到期，宜诚公司通知其开户行以银行存款支付票款。

任务解析

要求：编制宜诚公司6月1日开出票据购入材料、支付手续费及9月1日支付商业汇票款的会计分录。

任务8　预收账款业务处理

任务清单1-8　预收账款业务处理

项目名称	任务清单内容
任务导入	甲公司向宜诚公司购买原材料一批，不含税价款为80000元，增值税税额为10400元，根据供货合同，甲公司于4月5日先按不含税价款预付宜诚公司50%的货款，余款在交货后付清。4月28日，宜诚公司发出甲公司所预定材料，并开具增值税专用发票。5月5日收到甲公司支付的余款
任务目标	熟悉预收账款业务核算方法，能够识别业务条件，完成预收账款业务的会计处理
任务要求	根据任务导入，综合运用资源，完成宜诚公司预收账款业务相关会计处理
任务实施	对宜诚公司预收账款业务进行相关会计处理。 （1）编制宜诚公司4月5日收到甲公司预付材料款的会计分录： （2）编制宜诚公司4月28日发出材料的分录： （3）编制宜诚公司5月5日收到补付货款的分录：
任务总结	通过完成上述任务，你学到了哪些知识或技能？
实施人员	
任务点评	

岗位知识

一、认知预收账款

预收账款是企业按照有关合同规定预收的款项。

> **点睛** 合同负债是指企业已收或应收客户对价而应向客户转让商品的义务。确认预收账款的前提是收到了款项，确认合同负债则不以是否收到款项为前提，而以合同中履约义务的确立为前提。所以执行新收入准则，预收款项会涉及"合同负债"。

二、预收账款的账务处理

企业应当设置"预收账款"科目，该科目贷方登记发生的预收账款金额和购货单位补付账款的金额，借方登记企业向购货方发货后冲销的预收账款金额和退回购货方多付账款的金额。期末贷方余额，反映企业预收的款项，如为借方余额，反映企业尚未转销的款项，即为应收取的款项。该科目一般应当按照购货单位设置明细科目进行明细核算。

> **点睛** 预收货款业务不多的企业，可以不单独设置"预收账款"科目，其所发生的预收货款，可通过"应收账款"科目核算。

（一）取得预收账款

企业预收款项时，按实际收到的全部预收款，借记"库存现金""银行存款"科目，涉及增值税的，按照预收款计算的应交增值税，贷记"应交税费——应交增值税（销项税额）"科目，全部预收款扣除应交增值税的差额，贷记"预收账款"科目。

（二）偿付预收账款

企业分期确认有关收入时，按照实现的收入，借记"预收账款"科目，贷记"主营业务收入""其他业务收入"科目。收到客户补付款项时，借记"库存现金""银行存款"科目，贷记"预收账款""应交税费——应交增值税（销项税额）"科目；退回客户多预付的款项时，借记"预收账款"科目，贷记"库存现金""银行存款"科目，涉及增值税的，还应进行相应的会计处理。

技能窗 企业预收账款的主要账务处理如表1-9所示。

表1-9 预收账款的账务处理

业务	账务处理	
	预收款时未开具发票	预收款时开具发票
预收款项时	借：银行存款 贷：预收账款	借：银行存款等 贷：预收账款 　　应交税费——应交增值税（销项税额）
确认收入时	借：预收账款 贷：主营业务收入/其他业务收入 　　应交税费——应交增值税（销项税额）	借：预收账款 贷：主营业务收入等
收到补付货款	借：银行存款 贷：预收账款	借：银行存款 贷：预收账款 　　应交税费——应交增值税（销项税额）
退回多付款项	借：预收账款 贷：银行存款	借：预收账款 贷：银行存款 　　应交税费——应交增值税（销项税额）（根据红字发票冲减）

知识链接

知识锦囊

拓展提升

宜诚公司于9月1日与B公司签订经营租赁（非主营业务）设备合同，向B公司租赁一台设备，期限6个月，租金（含税）67800元。按照合同约定，B公司于合同签订日向宜诚公司预付了租金（含税）22600元，合同到期结清全部租金条款。宜诚公司9月1日收到银行收款通知

任务解析

后当日开具收到预付租金的增值税专用发票。租赁期满，宜诚公司收到租金余款及相应的增值税。

要求：编制宜诚公司预收租金、每期确认收入、收到租金余款时的会计分录。

任务9　其他应付款业务处理

任务清单1-9　其他应付款业务处理

项目名称	任务清单内容
任务导入	宜诚公司5月15日向美达公司销售一批材料，并向购货方收取包装物押金2000元，现金收讫。5月25日，宜诚公司收到美达公司退回的包装物，当日将押金以现金返还
任务目标	了解其他应付款核算的具体内容，能够根据业务条件完成其他应付款业务的会计处理
任务要求	根据任务导入，综合运用资源，完成以下任务。 （1）描述其他应付款核算的内容； （2）对宜诚公司的其他应付款业务进行相关会计处理
任务实施	1. 描述其他应付款核算的内容 2. 对宜诚公司的其他应付款业务进行相关会计处理 （1）编制宜诚公司5月15日收到押金的会计分录： （2）编制嘉公司5月25日退还押金的会计分录：
任务总结	通过完成上述任务，你学到了哪些知识或技能？
实施人员	
任务点评	

> 岗位知识

一、认知其他应付款

其他应付款是指企业除应付票据、应付账款、预收账款、应付职工薪酬、应交税费、应付股利和应付利息等经营活动以外的其他各种应付及暂收款项。其主要内容包括:

(1) 出租或出借包装物向客户收取的押金、存入保证金。
(2) 应付短期租赁固定资产的租金。
(3) 应付低价值资产租赁的租金。
(4) 应付租入包装物的租金。
(5) 其他应付、暂收所属单位、个人的款项。

二、其他应付款的账务处理

为了反映和监督其他应付款的增减变动及其结存情况,企业应当设置"其他应付款"科目进行核算。该科目贷方登记发生的各种应付、暂收款项,借方登记偿还或转销的各种应付、暂收款项,该科目期末贷方余额,反映企业应付未付的其他应付款项。本科目按照其他应付款的项目和对方单位(或个人)设置明细科目进行明细核算。

企业发生各种应付、暂收款项时,应借记"库存现金""银行存款""管理费用"等科目,贷记"其他应付款"科目。支付或退回其他各种应付、暂收款项时,借记"其他应付款"科目,贷记"库存现金""银行存款"等科目。

技能窗 企业其他应付款的主要账务处理如表1-10所示。

表1-10 其他应付款的账务处理

业务	账务处理
发生各种应付、暂收款项时	借:管理费用等 贷:其他应付款
支付或退回其他各种应付、暂收款项时	借:其他应付款 贷:银行存款等

知识链接

知识锦囊

拓展提升

宜诚公司根据季节需要，从4月1日起，以经营租赁方式租入生产用设备10台，每月租金2000元，按季度支付。6月30日，宜诚公司以银行存款支付二季度租金6000元、增值税税额为780元，取得对方开具的增值税专用发票。

要求：编制宜诚公司4月末、5月末计提应付租金和6月末支付租金的会计分录。

任务解析

知识测试与能力训练

一、单项选择题

1. 某企业采用托收承付结算方式销售一批商品,增值税专用发票注明的价款为100000元,增值税税额为13000元,销售商品为客户代垫运输费5000元,增值税税额450元,全部款项已办妥托收手续。该企业应确认的应收账款为(   )元。
   A. 100000　　　　　　　　　　　　B. 105000
   C. 113000　　　　　　　　　　　　D. 118450

2. 对于商业承兑汇票,付款人在接到通知日的次日起,一定时间内(遇到法定节假日顺延)视同付款人承诺付款,该期限是(   )。
   A. 1日　　　　　　　　　　　　　B. 2日
   C. 3日　　　　　　　　　　　　　D. 5日

3. 企业对于应付的商业承兑汇票,如果到期不能足额付款,在会计处理上应将该票据转作(   )。
   A. 其他应付款　　　　　　　　　　B. 应付账款
   C. 短期借款　　　　　　　　　　　D. 应收账款

4. 下列各项中,不应通过"其他应收款"账户核算的是(   )。
   A. 应收保险公司赔款　　　　　　　B. 为职工垫付的医药费
   C. 应收的出租包装物租金　　　　　D. 预付的购货款

5. 当企业预付货款小于采购货物所需支付的款项时,应将不足部分补付,此时应该借记的科目是(   )。
   A. 预付账款　　　　　　　　　　　B. 应付账款
   C. 其他应付款　　　　　　　　　　D. 其他应收款

二、多项选择题

1. 下列各项中,在确认销售收入时影响应收账款入账金额的是(   )。
   A. 销售价款　　　　　　　　　　　B. 增值税销项税额
   C. 现金折扣　　　　　　　　　　　D. 销售产品代垫的运杂费

2. 下列各项中,会引起应收账款账面价值发生变化的有(   )。
   A. 计提坏账准备　　　　　　　　　B. 收回应收账款
   C. 确认坏账　　　　　　　　　　　D. 收回已转销的坏账

3. 下列各项中，不通过"其他应付款"科目核算的有（　　）。
   A. 应付现金股利　　　　　　　　B. 存出保证金
   C. 应付租入包装物租金　　　　　D. 收到的存入保证金
4. 下列项目中，应通过"其他应收款"核算的有（　　）。
   A. 应向责任人收取的赔款　　　　B. 存出保证金
   C. 收取的各种押金　　　　　　　D. 租入包装物支付的押金
5. 关于"预付账款"账户，下列说法正确的是（　　）。
   A. "预付账款"属于资产性质的账户
   B. 预付账款不多的企业，可以不单独设置"预付账款"账户，将预付的货款记入"应付账款"账户的借方
   C. "预付账款"账户贷方余额反映的是应付供应单位的款项
   D. "预付账款"账户只核算企业因销售商品业务产生的往来款项

三、判断题

1. 应付商业承兑汇票到期，企业无力支付票款的，应将应付票据按账面余额转入应付账款。　　　　　　　　　　　　　　　　　　　　　　　　　　　　（　　）
2. 预付账款属于企业的资产，核算的是企业销售货物预先收到的款项。（　　）
3. 其他应收款账户的借方登记其他应收款的增加，贷方登记其他应收款的收回，期末余额一般在贷方，反映企业尚未收回的其他应收款项。　　　　　　　（　　）
4. 计提坏账准备前"坏账准备"账户如为借方余额，反映的内容是已经确认的坏账损失超出期初坏账准备的金额。　　　　　　　　　　　　　　　　　　（　　）
5. 在备抵法下，已确认并已转销的坏账损失，以后又收回的，仍然应通过"应收账款"账户核算，并贷记"信用减值损失"。　　　　　　　　　　　　　　（　　）

四、业务操作题

1. A公司2021年有关资料如下。

   （1）12月1日，应收B公司账款期初余额为250万元，其坏账准备贷方余额10万元；
   （2）12月5日，向B公司销售产品110件，单价2万元，增值税税率13%，未收款；
   （3）12月25日，因产品质量原因，B公司要求退回本月5日购买的10件商品，A公司同意B公司退货，并办理退货手续和开具红字增值税专用发票，A公司收到B公司退回的商品；
   （4）12月26日，应收B公司账款发生坏账损失4万元；
   （5）12月31日，A公司估计应收B公司账款违约率在5%。

   要求：根据上述资料，完成以下业务会计分录。（单位以万元表示）

（1）A公司12月5日销售商品的会计分录。

（2）A公司12月25日销售退回的会计分录。

（3）A公司12月26日发生坏账的会计分录。

（4）A公司在12月31日计提坏账的会计分录。

2. 甲公司为增值税一般纳税人，适用的增值税税率为13%，售价中不含增值税。不考虑其他因素。甲公司2021年4月发生如下交易或事项：

（1）5日，销售乙商品一批，按商品标价计算的金额为200000元，由于是成批销售，甲公司给予客户10%的商业折扣并开具了增值税专用发票，款项尚未收回。

（2）8日，将持有的面值为320000元的未到期、不带息银行承兑汇票背书转让，取得一批材料并验收入库，增值税专用发票上注明的价款为300000元，增值税进项税额为39000元。其余款项以银行存款支付。

（3）10日，收到银行收款通知，已确认坏账的丁公司货款150000元收回。

（4）12日，销售给A公司一批产品，不含税售价500000元。产品已经发出，开出增值税专用发票，款项尚未收到。为了及早收回货款，双方约定的现金折扣条件为：2/30，1/60，n/90（假定计算现金折扣时不考虑增值税）。甲公司估计对方最可能的付款时间在下月10日。

（5）15日，购买W材料一批，取得增值税专用发票上注明的材料价款为160000元，增值税税额为20800元，另以银行存款支付材料运输费1000元、增值税税额为90元，已取得增值税专用发票。材料已验收入库，款项尚未支付。

（6）28日，入库材料一批，发票账单尚未收到，估价60000元。30日仍未收到发票账单。

要求：根据以上经济业务编制会计分录。

知识测试与能力训练解析

模块二
存货核算岗位业务

岗位职责
- 会同有关部门拟定材料物资管理与核算实施办法。
- 审查采购计划,控制采购成本,防止盲目采购。
- 负责存货明细核算。对已验收入库尚未付款的材料,月终要估价入账。
- 配合有关部门制定材料消耗定额,编制材料计划成本目录。
- 参与库存盘点,处理清查账务。
- 分析储备情况,防止呆滞积压。对于超过正常储备和长期呆滞积压的存货,要分析原因,提出处理意见和建议,督促有关部门处理。

知识目标
- 识记存货的内容及存货成本的确定。
- 简述发出存货的计价方法。
- 阐述原材料实际成本和计划成本的核算。
- 表述商品流通企业发出商品的核算,包括毛利率法和售价金额核算法。
- 解决委托加工物资的核算,重点掌握委托加工应税消费品的情况。
- 总结包装物和低值易耗品的会计处理。
- 归纳存货清查的会计处理。
- 判断存货减值及会计处理。

能力目标
- 初步掌握存货核算的范围。
- 熟练掌握存货物资出入库核算,会编制相关业务的记账凭证。
- 完成存货物资的明细核算,会登记各种存货的明细账。
- 熟练使用清查后的各种存货金额,并根据清查结果填制相关记账凭证。
- 灵活运用资产负债表日存货减值核算的知识,并进行会计处理。

素质目标
- 培养学生的职业素养和岗位责任意识。
- 培养学生耐心细致的学习态度。
- 培养学生遵循会计准则和存货管理理念。

任务1　认知存货

任务清单2-1　认知存货

项目名称	任务清单内容
任务导入	假设经过具体辨认，宜诚公司2021年12月甲商品本期发出存货的单位成本如下：12月11日发出的200件存货中，100件系期初结存存货，单位成本为10元，另外100件为12月5日购入存货，单位成本为12元；12月20日发出的100件存货系12月16日购入，单位成本为14元
任务目标	掌握发出存货的计价方法的种类及应用
任务要求	根据任务导入，综合运用资源，完成以下任务。 （1）阐述实际成本法下发出存货的计价方法主要有哪几种； （2）对宜诚公司不同计价方法下发出存货的成本进行计算
任务实施	1. 实际成本法下发出存货的计价方法 2. 对宜诚公司不同计价方法下发出存货的成本进行计算 （1）按照个别计价法计算： （2）按照先进先出法计算： （3）按照月末一次加权平均法计算： （4）按照移动加权平均法计算：
任务总结	通过完成上述任务，你学到了哪些知识或技能？
实施人员	
任务点评	

岗位知识

一、存货的内容

（一）存货的含义

存货是指企业在日常活动中持有的以备出售的产品或商品、处在生产过程中的在产品、在生产过程或提供劳务过程中耗用的材料或物料等，包括各类材料、在产品、半成品、产成品、商品以及包装物、低值易耗品、委托代销商品等。

（二）存货的确认

存货的确认除符合定义之外，还必须同时满足下列条件，才能予以确认：

（1）符合资产特征，即与该存货有关的经济利益很可能流入企业。

（2）符合货币计量假设，即该存货的成本能够可靠地计量。

（三）存货的范围

1. 作为存货核算的特殊项目

（1）房地产开发企业购入的用于建造商品房的土地及建造的商品房，属于企业的存货。

（2）已经取得商品所有权，但尚未验收入库的在途物资，属于企业的存货。

（3）委托加工物资属于企业的存货。

（4）委托代销商品属于企业的存货。

（5）已经发货但存货的风险和报酬并未转移给购买方的发出商品，属于企业的存货。如销售方已经发出商品但尚未确认收入，发出商品属于销售方的存货；已做销售处理但购买方尚未提货的存货，不属于销售方的存货，属于购买方的存货。

（6）企业接受外来原材料加工制造的代制品和为外单位加工修理的代修品，制造完成或修理验收入库后，应视同企业的产成品。即企业为加工或修理产品发生的材料、人工费等作为企业存货核算。来料加工的产成品成本为加工费以及领用的本单位原材料，不包括领用的外来原材料的成本。接受来料加工的原材料，不属于企业的存货。

（7）生产成本、制造费用最终会影响企业存货，期末余额计入存货。

2. 不作为存货核算的特殊项目

（1）周转材料一般作为企业的存货核算，但是符合固定资产定义和条件的，应当作为企业的固定资产处理。

（2）对于受托代销商品，由于其所有权未转移至受托方，因而，受托代销的商品不能确认为受托方存货的一部分。所以填列资产负债表"存货"项目时"受托代销商品"与

"受托代销商品款"两科目一增一减相互抵消，不列为受托方存货。

（3）为建造固定资产等各项工程而储备的各种材料，虽然同属于材料，但是由于用于建造固定资产等各项工程，不符合存货的定义，因此不能作为企业的存货进行核算，应属于企业的"工程物资"。

二、存货的初始计量

存货应当按照成本进行初始计量。存货成本包括采购成本、加工成本和其他成本，如表2-1所示。

表2-1　存货的成本构成

存货的成本构成	含义
采购成本	包括购买价款、相关税费、运输费、装卸费、保险费以及其他可归属于存货采购成本的费用
加工成本	是指在存货的加工过程中发生的追加费用，包括直接人工以及按照一定方法分配的制造费用
其他成本	是指除采购成本、加工成本以外的使存货达到目前场所和状态所发生的其他支出

存货的来源不同，其成本的构成内容也不同。

（一）外购存货的成本

外购存货的成本主要包括购买价款、相关税费、运输费、装卸费、保险费以及其他可归属于存货采购成本的费用。

存货的购买价款是指企业购入的材料或商品的发票账单上列明的价款，但不包括按照规定可以抵扣的增值税进项税额。

存货的相关税费是指企业购买存货发生的进口关税、消费税、收购未税矿产品代扣代缴的资源税和不能抵扣的增值税进项税额以及相应的教育费附加等应计入存货采购成本的税费。

其他可归属于存货采购成本的费用是指采购成本中除上述各项以外的可归属于存货采购的费用，如在存货采购过程中发生的仓储费、包装费、运输途中的合理损耗、入库前的挑选整理费用等。

> **职业判断**　运输途中的合理损耗不会影响存货成本，但会增加存货的单位成本。这种说法对吗？

> **点睛**
> 几点需要注意的特殊事项如下。
> （1）商品流通企业在采购商品过程中发生的运输费、装卸费、保险费以及其他可归属于存货采购成本的费用等进货费用，应当计入存货的采购成本。
> （2）采购商品的进货费用也可以先进行归集，期末根据所购商品的存销情况分别进行分摊，对于已售商品的进货费用，计入当期损益（主营业务成本）；对于未售商品的进货费用，计入期末存货成本。
> （3）采购商品的进货费用金额较小的，也可在发生时直接计入当期损益（销售费用）。
> （4）企业设计产品发生的设计费用应计入当期损益，但为特定客户设计产品所发生的可直接确定的设计费应计入存货成本。

（二）自制存货的成本

自制存货的成本主要包括直接材料、直接人工和制造费用。其中，直接材料是指企业在产品生产过程中耗用的各种材料；直接人工是指企业在生产产品和提供劳务过程中发生的直接从事产品生产和劳务提供人员的职工薪酬；制造费用是指企业为生产产品和提供劳务而发生的各项间接费用。

（三）委托外单位加工的存货的成本

委托外单位加工的存货成本主要包括实际耗用的原材料或者半成品的成本、加工费、运输费、装卸费以及按规定计入成本的税金，如不能抵扣的进项税额、应当计入成本的消费税等。

（四）其他方式取得的存货的成本

投资者投入存货的成本，应当按照投资合同或协议约定的价值确定，但合同或协议约定价值不公允的除外；企业提供劳务取得存货的，所发生的从事劳务提供人员的直接人工和其他直接费用以及可归属于该存货的间接费用，计入存货成本；非货币性交易、债务重组等方式取得的存货分别使用相关准则确定存货成本。

（五）不计入存货成本的相关费用

下列费用应当在发生时确认为当期损益，不计入存货成本。
（1）非正常消耗的直接材料、直接人工和制造费用，应在发生时计入当期损益（营业外支出），如由于自然灾害而发生的直接材料、直接人工和制造费用，因这些费用的发生无助于使该存货达到目前场所和状态，所以不计入存货成本，而应确认为当期损益。

（2）企业在存货采购入库后发生的仓储费用，应在发生时计入当期损益（管理费用）。但是，在生产过程中为达到下一个生产阶段所必需的仓储费用应计入存货成本。

（3）不能归属于使存货达到目前场所和状态的其他支出，应在发生时计入当期损益，不得计入存货成本。

（4）入库后发生的挑选整理费计入管理费用。

（5）采购人员的差旅费通常不计入外购材料的成本，而应计入管理费用。

三、发出存货的计价方法

企业发出存货可以采用实际成本核算，也可以采用计划成本核算。如果采用实际成本核算，则在存货发出时，企业可以采用的发出存货成本的计价方法有个别计价法、先进先出法、月末一次加权平均法、移动加权平均法等。无论采用何种计价方法，一经确定不得随意变更，如需变更，应在附注中予以说明。

（一）个别计价法

个别计价法也称个别认定法、具体辨认法、分批实际法，采用这一方法是假设存货具体项目的实物流转与成本流转相一致，按照各种存货逐一辨认各批发出存货和期末存货所属的购进批别或生产批别，分别按其购入或生产时所确定的单位成本计算各批发出存货和期末存货成本的方法。

该方法成本计算准确，符合实际情况，但在存货收发频繁的情况下，其发出成本分辨的工作量较大，不适用于所有企业，通常适用于一般不能替代使用的存货、为特定项目专门购入或制造的存货以及提供的劳务，如珠宝、名画等贵重物品。

（二）先进先出法

先进先出法是指以先购入的存货应先发出（即用于销售或耗用）这样一种存货实物流动假设为前提，对发出存货进行计价的一种方法。采用这一方法是按先进先出的假定流转顺序来确定发出存货的成本及期末结存存货的成本。具体方法是：收入存货时，逐笔登记收入存货的数量、单价和金额；发出存货时，按照先进先出的原则逐笔登记存货的发出成本和结存金额。

该方法可以随时结转存货发出成本，但较烦琐；如果存货收发业务较多，且存货单价不稳定时，其工作量较大。在物价持续上升时，期末存货成本接近于市价，而发出成本偏低，会高估企业当期利润和库存存货价值；反之，会低估企业存货价值和当期利润。

（三）月末一次加权平均法

月末一次加权平均法是指以本月全部进货数量加上月初存货数量作为权数，去除本月全部进货成本加上月初存货成本,计算出存货的加权平均单位成本,以此为基础计算本月发出存货的成本和期末存货的成本的一种方法。

计算公式如下。

存货单位成本 = [月初库存存货成本 + ∑(本月各批进货的实际单位成本 × 本月各批进货的数量)] ÷ (月初库存存货的数量 + 本月各批进货数量之和)

本月发出存货的成本 = 本月发出存货的数量 × 存货单位成本

本月月末结存存货成本 = 月末结存存货的数量 × 存货单位成本

或:

本月月末结存存货成本 = 月初结存存货的成本 + 本月收入存货成本 − 本月发出存货成本

采用月末一次加权平均法,只在月末一次性计算加权平均单价,有利于简化成本计算工作,但由于平时无法从账簿中查询发出和结存存货的单价和金额,因此不利于存货成本的日常管理与控制。

(四)移动加权平均法

移动加权平均法是指以每次进货的成本加上原有库存存货的成本的合计额,除以每次进货数量加上原有库存存货的数量的合计数,据以计算加权平均单位成本,作为在下次进货前计算各次发出存货成本依据的一种方法。

计算公式如下。

$$存货单位成本 = \frac{原有结存存货成本 + 本次进货的成本}{原有结存存货数量 + 本次进货数量}$$

本次发出存货成本 = 本次发出存货数量 × 本次发货前存货的单位成本

本月月末结存存货成本 = 月末结存存货的数量 × 本月月末存货单位成本

采用移动加权平均法能够使企业管理当层及时了解存货的结存情况,计算的平均单位成本以及发出和结存的存货成本比较客观。但由于每次收货都要计算一次平均单位成本,计算工作量较大,因此对收发货较频繁的企业不太适用。

知识链接

知识锦囊

任务2　原材料出入库业务处理

任务清单2-2　原材料出入库业务处理

项目名称	任务清单内容
任务导入	宜诚公司原材料采用实际成本核算，2021年发生以下材料出入库的业务。 （1）9月10日购入甲材料一批，收到的增值税专用发票上注明价款为10000元，增值税税额1300元，用转账支票支付，材料验收入库； （2）9月15日购入乙材料一批，收到的增值税专用发票上注明价款为20000元，增值税税额2600元，用转账支票支付，材料尚未到达，9月17日材料运抵企业，验收入库； （3）9月20日购入丙材料一批，9月25日收到丙材料，但结算凭证未到，货款未付。10月16日，宜诚公司收到对方传来的增值税专用发票，价款30000元，增值税税额3900元，款项以银行存款支付； （4）10月末汇总本月库存材料领料凭证，本期发出材料共30000元，其中：产品生产领用10000元，生产车间机物料消耗2000元，在建工程领用6000元，销售部门领用1000元，行政管理部门领用6000元，另销售5000元
任务目标	能够对原材料的购入和发出业务进行会计处理
任务要求	根据任务导入，综合运用资源，完成不同情况下原材料出入库业务的相关会计处理
任务实施	1. 编制购入甲材料的会计分录 2. 编制购入乙材料的会计分录 3. 编制购入丙材料的会计分录 4. 根据领料凭证，编制发出材料的会计分录
任务总结	通过完成上述任务，你学到了哪些知识或技能？
实施人员	
任务点评	

岗位知识

一、原材料的含义及范围

原材料是指企业在生产过程中经过加工改变其形态或性质并构成产品主要实体的各种原料、主要材料和外购半成品，以及不构成产品实体但有助于产品形成的辅助材料。原材料具体包括原料及主要材料、辅助材料、外购半成品（外购件）、修理用备件（备品备件）、包装材料、燃料等。

二、原材料按实际成本核算

原材料的日常收发及结存可以采用实际成本核算，也可以采用计划成本核算。原材料按实际成本核算指的是日常核算中原材料的收入和发出均按实际成本计价，使用的会计科目主要有"原材料""在途物资"等，如表2-2所示。

表2-2 原材料按实际成本核算设置的基本会计科目

科目名称	含义	账户性质
在途物资	实际成本法下，核算货款已付但尚未验收入库的各项物资	借方登记企业购入的在途物资的实际成本，贷方登记企业验收入库的在途物资的实际成本。期末余额在借方，反映企业在途物资的采购成本
原材料	实际成本法下，核算入库及出库材料的实际成本	借方登记入库材料的实际成本，贷方登记发出材料的实际成本。期末余额在借方，反映企业库存材料的实际成本

由于支付方式不同，原材料入库的时间与付款的时间可能一致，也可能不一致，在会计处理上也有所不同。实际工作中，货款是否结算、采用何种方式结算是以到达的结算凭证判断，是否验收入库是以仓库的验收单为依据。

技能窗 原材料按实际成本核算的账务处理如表2-3所示。

表2-3 原材料按实际成本核算的账务处理

业务		账务处理	
购入材料	单到料到	借：原材料 　　应交税费——应交增值税（进项税额） 贷：银行存款等	
	单到料未到	借：在途物资 　　应交税费——应交增值税（进项税额） 贷：银行存款等	借：原材料 贷：在途物资

续表

业务		账务处理	
购入材料	料到单未到	收到材料时先暂不做账；月底仍未到，暂估入账；下月初红字冲销。 借：原材料 贷：应付账款——暂估应付账款	发票到达，按正常的程序进行账务处理。 借：原材料 　　应交税费——应交增值税（进项税额） 贷：银行存款等
发出材料	用于生产经营	借：生产成本/制造费用/销售费用/管理费用/在建工程等 贷：原材料	
	用于出售	借：其他业务成本 贷：原材料	

三、原材料按计划成本核算

原材料采用计划成本核算指的是日常核算中对于原材料的收入和发出都按计划成本计价入账，计划成本与实际成本的差异作为材料成本差异另行入账。

原材料按计划成本方法核算下，主要设置的会计科目有原材料、材料采购、材料成本差异，如表2-4所示。

表2-4　原材料按计划成本核算设置的基本会计科目

科目名称	含义	账户性质
材料采购	在材料采用计划成本核算下才会用到的科目，采用实际成本核算无须设置此科目	借方登记采购材料的实际成本，贷方登记入库材料的计划成本（或实际成本）。期末为借方余额，反映企业在途材料的采购成本
原材料	在计划成本或者实际成本核算下都会使用的科目，在计划成本法下，核算入库或出库材料的计划成本	借方登记入库材料的计划成本，贷方登记发出材料的计划成本。期末余额在借方，反映企业库存材料的计划成本
材料成本差异	反映企业已入库各种材料的实际成本与计划成本的差异	借方登记超支差异及发出材料应负担的节约差异；贷方登记节约差异及发出材料应负担的超支差异。期末如为借方余额，反映企业库存材料的实际成本大于计划成本的差异（即超支差异）；如为贷方余额，反映企业库存材料实际成本小于计划成本的差异（即节约差异）

点睛　材料尚未入库，不借记"原材料"，也不结转"材料成本差异"。尚未收到发票账单的收料业务，月末应按计划成本暂估入账。

月末，计算本月发出材料应负担的成本差异并进行分摊，根据领用材料的用途计入相关资产的成本或当期损益，从而将发出材料的计划成本调整为实际成本。

1. 计算材料成本差异

有关材料成本差异的计算公式如下。

实际成本 − 计划成本 = 材料成本差异

$$本期材料成本差异率 = 总差异 \div 总计划成本 \times 100\%$$

$$= \frac{期初结存材料的成本差异 + 本期验收入库材料的成本差异}{期初结存材料的计划成本 + 本期验收入库材料的计划成本} \times 100\%$$

计算结果为正数，代表超支差；计算结果为负数，代表节约差。

发出材料应负担的成本差异 = 发出材料的计划成本 × 本期材料成本差异率

发出材料的实际成本 = 发出材料的计划成本 + 发出材料应负担的成本差异

= 发出材料的计划成本 × （1 + 材料成本差异率）

结存材料的实际成本 = 结存材料的计划成本 + 结存材料应负担的成本差异

= 结存材料的计划成本 × （1 + 材料成本差异率）

> **点睛** 如果企业的材料差异率各期之间是比较均衡的，也可以采用期初材料成本差异率分摊本期的材料成本差异。年度终了，应对材料成本差异率进行核实调整。
> 期初材料成本差异率 = 期初结存材料的成本差异 ÷ 期初结存材料的计划成本 × 100%
> 发出材料应负担的成本差异 = 发出材料的计划成本 × 期初材料成本差异率

2. 期末结转差异的账务处理

如果是超支成本差异，借记"生产成本"等科目，贷记"材料成本差异"科目；如果是节约成本差异，借记"材料成本差异"科目，贷记"生产成本"等科目。

> **点睛** 发出材料应负担的成本差异应当按期（月）分摊，不得在季末或年末一次计算。

技能窗 原材料按计划成本核算的账务处理如表2-5所示。

表2-5 原材料按计划成本核算的账务处理

业务		会计账务处理
购入材料	购入材料时	借：材料采购（实际成本） 　　应交税费——应交增值税（进项税额） 贷：银行存款等
	验收入库后	借：原材料（计划成本） 贷：材料采购（计划成本）

续表

业务			会计账务处理
购入材料	期末结转材料成本差异	结转超支差 借：材料成本差异 贷：材料采购	也可以验收入库时合并书写成下面的会计分录 借：原材料（计划成本） 贷：材料采购（实际成本） 　　材料成本差异（差额，可借可贷，贷方节约差，借方超支差）
		结转节约差 借：材料采购 贷：材料成本差异	
发出材料	平时发出材料时	借：生产成本等（计划成本） 贷：原材料（计划成本）	
	期末结转差异	结转超支差：借：生产成本等 　　　　　　贷：材料成本差异	
		结转节约差：借：材料成本差异 　　　　　　贷：生产成本等	

知识链接

知识锦囊

拓展提升

宜诚公司为增值税一般纳税人，2021年11月初结存A材料的计划成本为100万元，成本差异为超支30万元。本月8日购入的一批A材料，增值税专用发票上注明的价款为3万元，增值税税额为0.39万元，发票账单已收到，计划成本为3.2万元，已验收入库，全部款项以银行存款支付。月末记录显示，11月所有购入A材料的计划成本为300万元，节约差异为20万元。根据"发料凭证汇总表"的记录，11月该公司A材料的消耗（计划成本）为：基本生产车间生产甲产品领用200万元，车间管理部门领用20万元，企业行政管理部门领用50万元。宜诚公司采用计划成本进行材料日常核算。

任务解析

要求：请根据所给资料，完成相关账务处理。

1. 购入材料的会计分录

2. 发出材料的会计分录

3. 期末结转发出材料的差异

（1）计算材料成本差异率及差异额：

（2）结转发出材料的成本差异：

任务3　库存商品出入库业务处理

任务清单2-3　库存商品出入库业务处理

项目名称	任务清单内容
任务导入	宜诚公司"商品入库汇总表"记载，2021年12月验收入库甲产品100台，实际单位成本500元，共计50000元；乙产品200台，实际单位成本100元，共计20000元。月末汇总的发出商品中，当月已实现销售的甲产品有50台，乙产品有150台，甲产品实际单位成本500元，乙产品实际单位成本100元
任务目标	能够对库存商品的出入库业务进行会计处理
任务要求	根据任务导入，综合运用资源，完成库存商品出入库业务的相关会计处理
任务实施	1. 宜诚公司商品入库编制会计分录 2. 宜诚公司结转商品销售成本的会计分录
任务总结	通过完成上述任务，你学到了哪些知识或技能？
实施人员	
任务点评	

岗位知识

一、库存商品的含义及范围

库存商品是指企业已完成全部生产过程并已验收入库、合乎标准规格和技术条件，可以按照合同规定的条件送交订货单位，或可以作为商品对外销售的产品以及外购或委托加工完成验收入库用于销售的各种商品。

> **点睛** 已完成销售手续但购买单位在月末未提取的产品，不应作为企业的库存商品，而应作为代管商品处理，单独设置"代管商品"备查簿进行登记。

二、工业企业库存商品的账务处理

（一）实际成本法

1. 验收入库商品

当库存商品生产完成并验收入库时，按实际成本，借记"库存商品"等科目，贷记"生产成本"等科目。

2. 发出商品

对外销售产成品，结转销售成本时，借记"主营业务成本"科目，贷记"库存商品"科目。

（二）计划成本法

产成品种类较多的，可按计划成本进行日常核算，日常产品完工入库和发出产成品按计划成本核算。其实际成本与计划成本的差异，可在期末进行调整，单独设置"产品成本差异"科目，比照"材料成本差异"科目核算。

> **职业判断** 商品流通企业的库存商品最主要的来源渠道是什么？如何进行商品流通企业的库存商品出入库业务的账务处理？

三、商品流通企业发出库存商品的核算

商品流通企业发出商品时，通常采用毛利率法和售价金额核算法进行核算。

（一）毛利率法

毛利率法是根据本期销售净额乘以前期实际毛利率来估算本期的销售成本，进而推算

本期期末存货成本的一种存货估计方法。具体步骤为：

第一步：确定毛利率。

毛利率 = 销售毛利 ÷ 销售额 × 100%

注意：毛利率一般根据上期实际或本期计划确定。

第二步：估算本期的销售成本。

销售成本 = 销售净额 − 销售毛利 = 销售净额 ×（1 − 毛利率）

其中，销售净额 = 销售收入 − 销售退回 − 销售折让。

第三步：估算本期期末存货成本。

期末存货成本 = 期初存货成本 + 本期购货成本 − 本期销售成本

这一方法是商品流通企业尤其是商业批发企业常用的计算本期商品销售成本和期末库存商品成本的方法。商品流通企业由于经营商品的品种繁多，如果分品种计算商品成本，工作量将大大增加，而且一般来讲，商品流通企业同类商品的毛利率大致相同，采用这种存货计价方法既能减轻工作量，也能满足对存货管理的需要。

【案例2-1】A商业批发企业采用毛利率法计算发出存货成本，11月企业实际毛利率为20%。12月初存货成本为3000万元，购入存货成本2500万元，销售收入3000万元，销售退回500万元。

要求：为A商业批发企业计算12月已销存货成本和月末结存存货成本。

做中学
·
学中做

（二）售价金额核算法

售价金额核算法是指平时商品的购进、储存、销售均按售价记账，售价与进价的差额通过"商品进销差价"科目核算，期末计算进销差价率和本期已销售商品应分摊的进销差价，并据以调整本期销售成本的一种方法。具体步骤为：

第一步：计算商品进销差价率，代表每单位售价负担的商品进销差价。

商品进销差价率 = 总差价 ÷ 总售价 × 100% =（期初库存商品进销差价 + 本期购入商品进销差价）÷（期初库存商品售价 + 本期购入商品售价）× 100%

其中，商品进销差价（毛利）= 商品的售价 − 商品的进价（成本）。

第二步：计算本期销售商品应负担的进销差价。

本期销售商品应负担的进销差价 = 本期销售商品的收入（售价）× 商品进销差价率

第三步：计算本期销售商品的成本。

本期销售商品的成本＝本期销售商品的收入（售价）－销售商品的进销差价（毛利）
　　　　　　　　　＝本期商品销售收入×（1－商品进销差价率）

第四步：计算期末结存商品的成本。

期末结存商品的成本＝期初库存商品的进价成本＋本期购进商品的进价成本－本期销售商品的成本

对于从事商业零售业务的企业（如百货公司、超市等），由于经营的商品种类、品种、规格等繁多，而且要求按商品零售价格标价，采用其他成本计算结转方法均较困难，因此广泛采用这一方法。

企业的商品进销差价率如果各期之间是比较均衡的，也可以采用上期商品进销差价率分摊本期的商品进销差价。年度终了，应对商品进销差价进行核实调整。

【案例2-2】B商场采用售价金额法核算库存商品。10月初该商场库存商品的进价成本总额为180万元，售价总额为250万元；本月购入商品的进价成本总额为500万元，售价总额为750万元；本月实现的销售收入总额为600万元。假设不考虑其他因素，要求：为该商场计算库存商品的成本总额。

做中学·学中做

知识链接

知识锦囊

拓展提升

宜诚公司为增值税一般纳税人，采用计划成本核算产成品。2021年1月，A产品完工入库，计划成本为105000元。期末，计算该企业生产的A产成品实际成本为100000元。2月，公司将A产品对外销售，收到销货款226000元（含增值税），增值税税率为13%。期末，结转已销A产品销售成本，实际成本100000元，计划成本为105000元。

要求：请根据所给资料，完成相关账务处理。

1. 编制产品完工入库的会计分录

2. 编制产品销售的会计分录

任务4　委托加工物资出入库业务处理

任务清单2-4　委托加工物资出入库业务处理

项目名称	任务清单内容
任务导入	宜诚公司为增值税一般纳税人，对材料和委托加工物资均采用计划成本核算，2021年1月委托丁公司（为增值税一般纳税人）加工产品一批（属于应税消费品）1000件。1月20日，发出材料一批，计划成本60000元，材料成本差异率为－3%。2月20日，支付商品加工费1200元，增值税专用发票上注明的增值税税额156元，支付应当交纳的消费税6600元，该商品收回后用于连续生产。3月4日，用银行存款支付往返运费100元，增值税专用发票上注明的增值税税额9元。3月5日，上述商品1000件（每件计划成本为65元）加工完毕，公司已办理验收入库手续
任务目标	能够对委托加工物资出入库业务进行会计处理
任务要求	根据任务导入，综合运用资源，完成对宜诚公司委托加工物资出入库业务的相关会计处理
任务实施	1. 发出委托加工材料时编制会计分录 结转发出材料应分摊的材料成本差异时： 2. 支付加工费时编制会计分录 3. 支付运费时编制会计分录 4. 加工完毕验收入库时编制会计分录
任务总结	通过完成上述任务，你学到了哪些知识或技能？
实施人员	
任务点评	

岗位知识

一、委托加工物资的内容和成本

委托加工物资是指企业委托外单位加工的各种材料、商品等物资。企业委托外单位加工物资的成本主要包括：加工中实际耗用物资的成本，支付的加工费用及应负担的运杂费等，支付的税费等。

二、委托加工物资的账务处理

企业应设置"委托加工物资"科目，核算委托加工物资增减变动及其结存情况。该科目借方登记领用加工物资的实际成本、支付的加工费用、应负担的运杂费以及支付的税金，贷方登记加工完成验收入库的物资的实际成本和剩余物资的实际成本。期末余额在借方，反映企业尚未完工的委托加工物资的实际成本。

技能窗 委托加工物资业务的账务处理如表2-6所示。

表2-6 委托加工物资业务的账务处理

业务	账务处理
发出材料	借：委托加工物资 贷：原材料 　　材料成本差异（或借方）
支付加工费、运杂费及增值税	借：委托加工物资 　　应交税费——应交增值税（进项税额） 贷：银行存款
支付消费税	收回后继续加工： 借：应交税费——应交消费税 贷：银行存款等 收回后直接销售： 借：委托加工物资 贷：银行存款等
收回物资	借：原材料/库存商品等 贷：委托加工物资 　　材料成本差异（或借方）

点睛 需要交纳消费税的委托加工物资，需要注意由受托方代收代缴的消费税：（1）如果收回后是用于直接销售的，记入"委托加工物资"科目；（2）如果收回后是用于继续加工的，记入"应交税费——应交消费税"科目。

知识链接

知识锦囊

任务5　周转材料出入库业务处理

任务清单2-5　周转材料出入库业务处理

项目名称	任务清单内容
任务导入	宜诚公司为增值税一般纳税人，对包装物采用计划成本核算，材料成本差异率为-3%；2021年8月发生和包装物有关的业务如下。 （1）生产产品领用包装物的计划成本为100000元； （2）某月销售商品领用不单独计价包装物的计划成本为50000元； （3）销售商品领用单独计价包装物的计划成本为80000元，销售收入为100000元，取得的增值税专用发票上注明的增值税税额为13000元，款项已存入银行； （4）出租给某企业包装物100个，每个成本30元，每个收取租金5元，押金10元； （5）将100个包装物出借给某企业，每个成本30元，押金40元。 该包装物采用一次摊销法
任务目标	能够对周转材料出入库业务进行会计处理
任务要求	根据任务导入，综合运用资源，完成对宜诚公司周转材料出入库业务的相关会计处理
任务实施	1. 编制生产领用包装物的会计分录 2. 编制随同商品销售不单独计价包装物的会计分录 3. 编制随同商品出售单独计价包装物的会计分录 4. 编制出租包装物的会计分录 5. 编制出借包装物的会计分录
任务总结	通过完成上述任务，你学到了哪些知识或技能？
实施人员	
任务点评	

岗位知识

一、周转材料的含义及范围

周转材料是指企业能够多次使用，不符合固定资产定义，逐渐转移其价值但仍保持原有形态、不确认为固定资产的材料。企业的周转材料主要包括包装物和低值易耗品等，以及建筑承包企业的钢模板、木模板、脚手架和其他周转使用的材料等。

二、包装物的核算

（一）包装物的核算内容

包装物是指为了包装本企业产品而储备的各种包装容器，如桶、箱、瓶、坛、袋等。铁丝、纸绳、铁皮等作为辅助材料，一般在"原材料"中核算。用于储存或保管产品、材料而不对外出售的包装物，在"固定资产"或"低值易耗品"中核算。

（二）包装物的账务处理

为了反映和监督包装物的增减变动及其价值损耗、结存等情况，企业应该设置"周转材料——包装物"科目进行核算，借方登记包装物的增加，贷方登记包装物的减少，期末余额在借方，反映企业期末结存包装物的余额。

技能窗 包装物业务的账务处理如表2-7所示。

表2-7 包装物业务的账务处理

业务		账务处理	
生产领用包装物		借：生产成本 贷：周转材料——包装物 　　材料成本差异（或借方）	
随同产品出售	随同产品出售不单独计价	借：销售费用 贷：周转材料——包装物 　　材料成本差异（或借方）	
	随同产品出售单独计价	出售时 借：银行存款 贷：其他业务收入 　　应交税费——应交增值税（销项税额）	结转成本 借：其他业务成本 贷：周转材料——包装物 　　材料成本差异（或借方）

续表

业务	账务处理	
出租包装物	发出包装物 借：其他业务成本 贷：周转材料——包装物 　　材料成本差异（或借方）	收到租金及押金 借：银行存款 贷：其他业务收入 　　其他应付款
出借包装物	借：销售费用 贷：周转材料——包装物 　　材料成本差异（或借方）	

三、低值易耗品的核算

（一）低值易耗品的核算内容

低值易耗品是指不能作为固定资产核算的各种用具物品，如工具、管理用具、替换设备、劳动保护用品和其他用具等。

（二）低值易耗品的账务处理

为了反映和监督低值易耗品的增减变动及其结存等情况，企业应该设置"周转材料——低值易耗品"科目进行核算，借方登记低值易耗品的增加，贷方登记低值易耗品的减少，期末余额在借方，反映企业期末结存低值易耗品的余额。

1. 一次摊销法

一次摊销法是将其价值在领用时一次计入有关资产成本或当期损益。一次摊销法适用于金额较小的物品，可以一次性摊销直接计入成本费用，体现了会计信息质量要求的"重要性"。

领用时，借记"管理费用""生产成本""销售费用"等，贷记"周转材料"；报废时，按残料价值，借记"原材料"等，贷记"管理费用""生产成本""销售费用"等科目。

2. 分次摊销法

在采用分次摊销法的情况下，需要单独设置以下明细科目："周转材料——低值易耗品——在用""周转材料——低值易耗品——在库"和"周转材料——低值易耗品——摊销"会计科目。

技能窗 低值易耗品业务的账务处理（分次摊销法）如表2-8所示。

表2-8 低值易耗品业务的账务处理（以分次摊销法为例）

业务	账务处理
领用低值易耗品时	借：周转材料——低值易耗品——在用 贷：周转材料——低值易耗品——在库
第一次领用时摊销	借：制造费用等 贷：周转材料——低值易耗品——摊销（账面价值的一半）
报废时摊销	借：制造费用等 贷：周转材料——低值易耗品——摊销（账面价值的一半）
摊销完成时	借：周转材料——低值易耗品——摊销 贷：周转材料——低值易耗品——在用

点睛 低值易耗品采用分次摊销法摊销后，最终周转材料的余额为零。

知识链接

知识锦囊

拓展提升

宜诚公司的基本生产车间领用专用工具一批，实际成本为100000元，不符合固定资产定义，采用分次摊销法进行摊销。该专用工具的预计使用次数为2次。

要求：请根据所给资料，完成相关账务处理。

任务解析

任务6 存货的清查

任务清单2-6 存货的清查

项目名称	任务清单内容
任务导入	宜诚公司在财产清查中，发现盘盈甲材料4t，每吨1000元；发现库存乙材料短缺40kg，每千克30元。经查明，发现盘盈的甲材料系计量仪器不准，领用时少付多算产生，经批准冲减管理费用；盘亏的甲材料为自然损耗5kg，非常损失25kg，过失人造成的毁损10kg
任务目标	能够对存货清查业务进行会计处理
任务要求	根据任务导入，综合运用资源，完成以下任务。 （1）归纳存货清查的方法； （2）完成宜诚公司存货清查的会计分录
任务实施	1. 存货清查的方法 2. 编制盘盈甲材料的会计分录 （1）批准前： （2）批准后： 3. 编制盘亏乙材料的会计分录 （1）批准前： （2）批准后：
任务总结	通过完成上述任务，你学到了哪些知识或技能？
实施人员	
任务点评	

岗位知识

一、存货清查的方法

存货清查是指通过对存货的实地盘点，确定存货的实有数量，并与账面结存数核对，从而确定存货实存数与账面结存数是否相符的一种专门方法。

（一）永续盘存制

永续盘存制也称账面盘存制，指对于存货的增加和减少，根据各种有关凭证，在账簿中逐日逐笔进行登记，并随时结算出各种存货账面结存数额的一种方法。通过会计账簿资料，可以完整地反映存货的收入、发出和结存情况。这种方法利用的公式是：

期末结存数 = 期初结存数 + 本期增加数 − 本期减少数

永续盘存制下存货明细账的会计核算工作量较大，但能对存货变动进行有效控制。采用这种方法需要将财产清查的结果同账面结存进行核对，在账实不符的情况下还需要对账面记录进行调整。

（二）定期盘存制

定期盘存制也称实地盘存制，指会计期末通过对全部存货进行实地盘点，以确定期末存货的结存数量，然后分别乘以各项存货的盘存单价，计算出期末存货的总金额，记入各有关存货科目，倒挤出本期已耗用或已销售存货的成本。即"以存计耗"或"以存计销"。这种方法利用的公式是：

本期减少数 = 期初结存数 + 本期增加数 − 期末结存数

本期耗用或销货成本 = 期初存货成本 + 本期购货成本 − 期末存货成本

定期盘存制的优点是核算工作比较简单，工作量较小；缺点是不能随时反映和监督财产物资的收、发、结存情况，不利于存货的控制和监督，可能会影响成本计算的正确性。

在我国实际中，存货的核算一般采用永续盘存制。

二、存货清查的账务处理

为了反映和监督企业在财产清查中查明的各种存货的盘盈、盘亏和毁损情况，企业应当设置"待处理财产损溢"科目，借方登记存货的盘亏、毁损金额及盘盈的转销金额，贷方登记存货的盘盈金额及盘亏的转销金额。企业清查的各种存货损溢，应在期末结账前处理完毕，期末处理后，本科目应无余额。核算时一般分两步：第一步，批准前调整为账实相符；第二步，查明原因经批准后结转处理。

点睛

关于材料毁损时增值税进项税的不同处理如下。

（1）如果该材料毁损属于一般经营损失造成、自然灾害（如因暴雨、地震、洪水等）造成，增值税的进项税额不做转出处理。

（2）如果该材料的毁损是由管理不善（如火灾、被盗）造成的，增值税进项税额做转出处理。

技能窗 存货盘盈或盘亏的账务处理如表2-9所示。

表2-9　存货盘盈或盘亏的账务处理

业务		账务处理
存货盘盈	批准前	借：原材料等 贷：待处理财产损溢
	查明原因，按管理权限经批准后	借：待处理财产损溢 贷：管理费用
存货盘亏	批准前	借：待处理财产损溢 贷：原材料等 　　应交税费——应交增值税（进项税额转出）（自然灾害原因除外）
	查明原因，按管理权限经批准后	借：原材料（回收残料价值） 　　其他应收款（应由保险公司或责任人赔偿部分） 　　管理费用（计量收发差错、一般经营损耗以及管理不善造成存货盘亏） 　　营业外支出（自然灾害等非常原因造成） 贷：待处理财产损溢

知识链接

知识锦囊

任务7　存货的减值

任务清单2-7　存货的减值

项目名称	任务清单内容
任务导入	2021年12月31日，宜诚公司乙存货的实际成本为10000元，加工该存货至完工产成品估计还将发生成本为2000元，估计销售费用和相关税费为200元，估计用该存货生产的产成品售价为11000元。假定乙存货月初"存货跌价准备"科目余额为0
任务目标	能够对期末存货的减值业务进行会计处理
任务要求	根据任务导入，综合运用资源，计算宜诚公司存货的成本和可变现净值，思考该公司年末是否需要计提存货跌价准备，如果需要，如何计提
任务实施	1. 计算应计提的存货跌价准备 2. 编制计提存货跌价准备的会计分录
任务总结	通过完成上述任务，你学到了哪些知识或技能？
实施人员	
任务点评	

岗位知识

一、存货跌价准备的计提和转回

存货的初始计量以成本入账,但存货进入企业后可能发生毁损、陈旧或价格下跌等情况,因此,资产负债表日,存货应当按照成本与可变现净值孰低计量。其中,成本是指期末存货的实际成本。可变现净值是指在日常活动中存货的估计售价减去至完工时估计将要发生的成本、估计的销售费用以及估计的相关税费后的金额。

> **点睛** (1)存货用于进一步加工产品,则可变现净值=产品的估计售价-进一步加工成本-估计的销售费用和税费;(2)存货直接用于出售,则可变现净值=存货的估计售价-估计的销售费用和税费。

二、存货跌价准备的账务处理

企业应设置"存货跌价准备"科目核算存货跌价准备的计提、转回和转销,跌价损失记入"资产减值损失"科目。

技能窗 存货减值业务的账务处理如表2-10所示。

表2-10 存货减值业务的账务处理

业务	账务处理	
计提或补提存货跌价准备	借:资产减值损失——计提的存货跌价准备 贷:存货跌价准备	
冲回多提的存货跌价准备	借:存货跌价准备 贷:资产减值损失——计提的存货跌价准备	
结转已售存货的存货跌价准备	借:主营业务成本/其他业务成本 贷:库存商品/原材料 借:存货跌价准备 贷:主营业务成本/其他业务成本	或者合并写分录: 借:主营业务成本/其他业务成本 　　存货跌价准备 贷:库存商品/原材料

知识链接

知识锦囊

知识测试与能力训练

一、单项选择题

1. 下列税金中，不应计入存货成本的是（ ）。
   A. 一般纳税企业进口原材料支付的关税
   B. 一般纳税企业购进原材料支付的增值税
   C. 小规模纳税企业购进原材料支付的增值税
   D. 一般纳税企业进口应税消费品支付的消费税

2. 下列各项中，不属于库存商品的是（ ）。
   A. 接受外来材料的代制品
   B. 寄存在外销售的商品
   C. 为外单位加工代修品
   D. 已完成销售手续客户未领取的商品

3. 某企业为增值税一般纳税人，2021年9月购入一批原材料，增值税专用发票上注明的价款为50万元。增值税税额为6.5万元。款项已经支付。另以银行存款支付装卸费0.3万元（不考虑增值税）。入库时发生挑选整理费0.2万元。运输途中发生合理损耗0.1万元。不考虑其他因素。该批原材料的入账成本为（ ）万元。
   A. 50.5
   B. 59
   C. 50.6
   D. 50.4

4. 某企业采用先进先出法计算发出原材料的成本。2021年9月1日，甲材料结存200kg，每千克实际成本为300元；9月7日购入甲材料350kg，每千克实际成本为310元；9月21日购入甲材料400kg，每千克实际成本为290元；9月28日发出甲材料500kg。9月份甲材料发出成本为（ ）元。
   A. 145000
   B. 150000
   C. 153000
   D. 155000

5. 某企业材料采用计划成本核算。月初结存材料计划成本为200万元，材料成本差异为节约20万元，当月购入材料一批，实际成本为135万元，计划成本为150万元，领用材料的计划成本为180万元。当月结存材料的实际成本为（ ）万元。
   A. 153
   B. 162
   C. 170
   D. 187

二、多项选择题

1. 下列各项中，企业可以采用的发出存货成本计价方法有（　　）。
   A. 先进先出法　　　　　　　　　B. 移动加权平均法
   C. 个别计价法　　　　　　　　　D. 成本与可变现净值孰低法

2. 下列各项中，关于原材料按计划成本核算的会计处理表述正确的有（　　）。
   A. 入库材料的超支差异应借记"材料成本差异"科目
   B. 入库材料的节约差异应借记"材料成本差异"科目
   C. 发出材料应负担的节约差异应借记"材料成本差异"科目
   D. 发出材料应负担的超支差异应贷记"材料成本差异"科目

3. 下列各项中，有关包装物的会计处理表述正确的有（　　）。
   A. 随商品出售不单独计价的包装物成本，计入销售费用
   B. 生产领用的包装物成本，计入生产成本
   C. 随商品出售单独计价的包装物成本，计入其他业务成本
   D. 多次反复使用的包装物成本，根据使用次数分次摊销计入相应成本费用

4. 下列各项中，应计入加工收回后直接出售的委托方加工物资成本的有（　　）。
   A. 由受托方代收缴的消费税　　　B. 支付委托加工的往返运输费
   C. 实际耗用的原材料费用　　　　D. 支付的加工费

5. 下列各项中，影响企业资产负债表日存货可变现净值的有（　　）。
   A. 存货的账面价值
   B. 销售存货过程中估计的销售费用及相关税费
   C. 存货的估计售价
   D. 存货至完工估计将要发生的成本

三、判断题

1. 企业对于已验收入库但未取得增值税扣税凭证的存货，应在月末按照暂估价值计算进项税额并登记入账。（　　）

2. 物价持续上涨，采用先进先出法计算期末库存商品成本比采用月末一次加权平均法低。（　　）

3. 在存货采购入库后发生的储存费用，应在发生时计入当期损益。但是，在生产过程中为达到下一个生产阶段所必需的仓储费用应计入存货成本。（　　）

4. 采用移动加权平均法计算发出存货成本，不能在月度内随时结转发出存货的成本。（　　）

5. "周转材料——低值易耗品"科目，借方登记低值易耗品的减少，贷方登记低值易耗品的增加，期末余额在贷方。（　　）

四、业务操作题

甲公司为增值税一般纳税人，适用的增值税税率为13%，该企业生产主要耗用一种原材料A，该材料按计划成本进行日常核算，A材料计划单位成本为每千克20元，2021年1月1日，该"原材料"账户月初余额80000元，"材料成本差异"账户月初借方10400元，甲公司1月份发生的有关业务如下：

（1）5日，从A公司购入A材料5000kg，增值税专用股票上注明的销售价格为90000元，增值税税额为11700元，全部款项以银行存款付清，材料尚未到达。

（2）10日，从A公司购入A材料到达，验收入库时发现短缺80kg，经查明，短缺为运输中合理损耗，按实际数量入库。

（3）20日，从B公司购入A材料4000kg，增值税专用发票上注明的销售价格为88000元，增值税为11440元，材料已验收入库，款项尚未支付。

（4）1月份，甲公司共领用A材料6000kg用于生产产品。

要求：根据上述资料，编制相关业务的会计分录。

模块三
固定资产核算岗位业务

岗位职责
- 按照财务制度规定，正确划分固定资产与低值易耗品的界限。
- 会同有关部门制定固定资产目录、分类方法、使用年限，加强固定资产管理，正确进行固定资产核算。
- 建立固定资产明细卡片，定期进行核对，做到账、卡、物相符。
- 对购置、调入、出售、封存、清理、报废的固定资产，要办理会计手续，进行明细核算，要按期编报固定资产增减变动情况的会计报表。
- 参与固定资产清查盘点，发现盘盈、盘亏和毁损等情况要查明原因，明确责任，按规定的审批程序办理报批手续，根据批准文件进行账务处理。
- 按照公司财务管理制度规定的折旧率，按月正确计算和提取固定资产折旧。
- 完成领导交办的其他工作。

知识目标
- 识记固定资产的核算范围。
- 归纳固定资产的初始计量，尤其是固定资产自营工程的初始计量。
- 应用固定资产后续计量，重点是固定资产折旧和更新改造支出。
- 解决固定资产清查、处置和减值的核算。
- 阐述无形资产初始、后续及期末计量。
- 了解长期待摊费用业务的核算。

能力目标
- 准确识别和填制固定资产初始计量业务的凭证。
- 熟练掌握运用正确的方法计算企业的固定资产折旧额，并能够做好相关的会计核算。
- 实现在企业发生固定资产后续支出时准确核算。
- 完成固定资产清查、处置、减值等业务核算及管理工作。
- 独立操作无形资产的取得、后续及期末计量工作，做好相关的会计核算。
- 学会长期待摊费用的发生、摊销等会计核算工作。

素质目标
- 培养学生爱岗敬业的道德情感。
- 培养学生的团队观念与竞争意识。
- 培养学生认真、细心、严谨、诚实的工作作风。
- 培养学生会计职业判断能力，提高学生的专业素养。

任务1　固定资产的初始计量

任务清单3-1　固定资产的初始计量

项目名称	任务清单内容
任务导入	宜诚公司2021年发生以下固定资产购入业务。 （1）购入一台不需要安装即可投入使用的设备A，取得的增值税专用发票上注明的设备价款为30000元，增值税额为3900元，另支付包装费并取得增值税专用发票，注明包装费700元，税率6%，增值税额42元； （2）购入一幢商业大楼B作为生产车间并交付使用，取得的增值税专用发票上注明价款为2000000元，增值税税额为180000元，款项以银行存款支付； （3）购入一台需要安装的设备C，增值税专用发票上注明的设备买价为200000元，增值税税额为26000元，支付安装费并取得增值税专用发票，注明安装费40000元，税率9%，增值税额3600元。 以上款项均以银行存款支付
任务目标	熟悉固定资产的含义，掌握固定资产的确认条件、会计科目的设置及固定资产的初始计量
任务要求	根据任务导入，综合运用资源，完成外购固定资产业务的会计分录
任务实施	1. 编制购入不需要安装的设备A时的会计分录 2. 编制购入商业大楼B时的会计分录 3. 编制购入需要安装的设备C时的会计分录
任务总结	通过完成上述任务，你学到了哪些知识或技能？
实施人员	
任务点评	

岗位知识

一、固定资产概述

（一）固定资产的含义及分类

固定资产是指为生产商品、提供劳务、出租给他人或为经营管理而持有的使用年限超过一年的有形资产。

> **点睛**
> （1）融资租入的固定资产，视为承租方资产，承租方按自有资产进行管理。经营租入的固定资产属于出租方的固定资产，不属于承租方的固定资产。
> （2）企业经营租赁方式出租的房屋建筑物，按照投资性房地产核算。企业经营租赁方式出租的机器、设备，按照固定资产核算。

（二）固定资产的确认

固定资产在同时满足以下两个条件时，才能加以确认。
（1）该固定资产包含的经济利益很可能流入企业；
（2）该固定资产的成本能够可靠地计量，即某个项目要确认为固定资产，首先必须符合固定资产的定义，其次还要符合以上两个条件。

（三）固定资产核算应设置的会计科目

为了反映和监督固定资产的取得、计提折旧和处置等情况，企业一般需要设置的科目如表3-1所示。

表3-1　固定资产核算应设置的基本会计科目

科目名称	含义	账户性质
固定资产	核算企业固定资产的原价	借方登记企业增加的固定资产原价，贷方登记企业减少的固定资产原价，期末借方余额，反映企业期末固定资产的账面原价
在建工程	核算企业基建、更新改造等在建工程发生的支出	借方登记企业各项在建工程的实际支出，贷方登记完工工程转出的成本，期末借方余额，反映企业尚未达到预定可使用状态的在建工程的成本
工程物资	核算企业为在建工程而准备的各种物资的实际成本	借方登记企业购入工程物资的成本，贷方登记领用工程物资的成本，期末借方余额，反映企业为在建工程准备的各种物资的成本

续表

科目名称	含义	账户性质
累计折旧	属于"固定资产"的调整（备抵）科目，核算企业固定资产的累计折旧	贷方登记企业计提的固定资产折旧额，借方登记处置固定资产时转出的累计折旧额，期末贷方余额，反映企业固定资产的累计折旧额
固定资产清理	核算企业因出售、报废、毁损、对外投资、非货币性资产交换、债务重组等原因转入清理的固定资产价值以及在清理过程中发生的清理费用和清理收益	借方登记转出的固定资产账面价值、清理过程中应支付的相关税费及其他费用，贷方登记出售固定资产取得的价款、残料价值和变价收入。固定资产清理完成时，借记登记转出的清理净收益，贷方登记转出的清理净损失，结转清理净收益、净损失后，该科目无余额

二、固定资产的初始计量

（一）外购固定资产

1. 外购固定资产的初始成本

企业外购固定资产的成本，包括购买价款、相关税费、使固定资产达到预定可使用状态前所发生的可归属于该项资产的运输费、装卸费、安装费和专业人员服务费等。

需要注意的是：

（1）员工培训费不计入固定资产的成本，应于发生时计入当期损益（管理费用）。

（2）计入固定资产成本的相关税费主要包括取得固定资产而缴纳的关税、契税、耕地占用税、车辆购置税等相关税费，不包括可以抵扣的增值税进项税额。

2. 外购固定资产的会计分录

（1）外购不需要安装的固定资产。

（2）外购需要安装的固定资产。

技能窗 外购固定资产业务的账务处理如表3-2所示。

表3-2 外购固定资产业务的账务处理

业务	账务处理
不需要安装	借：固定资产 　　应交税费——应交增值税（进项税额） 贷：银行存款等

续表

业务		账务处理
需要安装	购入时	借：在建工程 　　应交税费——应交增值税（进项税额） 贷：银行存款
	支付安装费时	借：在建工程 　　应交税费——应交增值税（进项税额） 贷：银行存款
	安装耗用材料等	借：在建工程 贷：原材料等
	安装完毕使用时	借：固定资产 贷：在建工程

3. 一笔款项购入多项没有单独标价的固定资产

企业一次性购入多项没有单独标价的固定资产，企业要将各项资产单独确认为单项固定资产，并按照各项固定资产的公允价值比例对总成本进行分配，分别确定各项固定资产的成本。一般按照以下步骤确定。

（1）应计入固定资产成本的总金额；

（2）确定应分配的比例（某项固定资产公允价值/各项固定资产公允价值之和×100%）；

（3）确定各项的成本（固定资产成本总额×各自比例）。

【案例3-1】宜诚公司向乙公司（为增值税一般纳税人）一次购进了3套不同型号且具有不同生产能力的设备A、B和C。宜诚公司为该批设备共支付货款7800000元、增值税税额1014000元、包装费42000元，全部以银行存款支付。假定设备A、B和C均满足固定资产的定义及其确认条件，公允价值分别为2926000元、3594800元、1839200元。不考虑其他相关税费，为宜诚公司确定3套不同设备的成本，并编制会计分录。

做中学·学中做

1. 确定应计入固定资产成本的金额

2. 确定设备A、B、C的价值分配比例

3. 确定A、B、C设备各自的成本

4. 编制会计分录

（二）一般纳税人自行建造固定资产

企业自行建造固定资产，应当按照建造该项资产达到预定可使用状态前所发生的必要支出，作为固定资产的成本。

1. 自营工程

自营工程是指企业自行组织工程物资采购、自行组织施工人员施工的建筑工程和安装工程。

技能窗 固定资产自营工程业务的账务处理如表3-3所示。

表3-3　固定资产自营工程业务的账务处理

业务	账务处理
购入工程物资	借：工程物资 　　应交税费——应交增值税（进项税额） 贷：银行存款
领用工程物资	借：在建工程 贷：工程物资
领用企业库存原材料	借：在建工程 贷：原材料
领用企业库存商品	借：在建工程 贷：库存商品
人员工资支出	借：在建工程 贷：应付职工薪酬/银行存款等
支付发生的其他费用时	借：在建工程 　　应交税费——应交增值税（进项税额） 贷：银行存款等
工程达到预定可使用状态	借：固定资产 贷：在建工程

【案例3-2】 宜诚公司自行建造厂房一幢，购入为工程准备的各种物资500000元，支付的增值税额为65000元，全部用于工程建设。领用本企业生产的水泥一批，实际成本为400000元。工程人员应计工资100000元，支付的其他费用并取得增值税专用发票，注明安装费30000元，税率为9%，增值税税额2700元。工程完工并达到预定可使用状态。

要求：为宜诚公司编制相关会计分录。

2. 出包工程

出包工程是指企业通过招标方式将工程项目发包给建造承包商，由建造承包商组织施工的建筑工程和安装工程。企业应按合理估计的发包工程进度和合同规定结算工程进度款。

技能窗 固定资产出包工程业务的账务处理如表3-4所示。

表3-4 固定资产出包工程业务的账务处理

业务	账务处理
按合理进度和合同规定计算工程款时	借：在建工程 　　　应交税费——应交增值税（进项税额） 贷：银行存款等
补付工程款时	借：在建工程 　　　应交税费——应交增值税（进项税额） 贷：银行存款等
工程完工并达到预定可使用状态时	借：固定资产 贷：在建工程

【案例3-3】宜诚公司将一幢厂房的建造工程出包给丙公司（为增值税一般纳税人）承建，按合理估计的发包工程进度和合同规定向丙公司结算进度款并取得丙公司开具的增值税专用发票，注明工程款600000元，税率9%，增值税税额54000元。工程完工后，收到丙公司有关工程结算单据和增值税专用发票，补付工程款并取得丙公司开具的增值税专用发票，注明工程款400000元，税率9%，增值税税额36000元。工程完工并达到预定可使用状态。

要求：为宜诚公司编制相关业务的会计分录。

做中学·学中做

知识链接

知识锦囊

模块三 固定资产核算岗位业务

任务2　固定资产的后续计量

任务清单3-2　固定资产的后续计量

项目名称	任务清单内容
任务导入	宜诚公司有一辆货运卡车的原价为1000000元，预计使用年限为5年，总计行驶里程为500000km，预计净残值为4000元。本月该货运卡车行驶里程为6000km
任务目标	掌握固定资产折旧的范围、折旧方法的使用及适用范围
任务要求	根据任务导入，综合运用资源，完成以下任务。 （1）运用年限平均法计算该货运卡车每月计提的折旧金额； （2）运用工作量法计算该货运卡车每月计提的折旧金额； （3）运用双倍余额递减法计算该货运卡车每月计提的折旧金额； （4）运用年数总和法计算该货运卡车每月计提的折旧金额
任务实施	1. 运用年限平均法计算该厂房每月计提的折旧金额 2. 运用工作量法计算该货运卡车每月计提的折旧金额 3. 运用双倍余额递减法计算该货运卡车每月计提的折旧金额 4. 运用年数总和法计算该货运卡车每月计提的折旧金额
任务总结	通过完成上述任务，你学到了哪些知识或技能？
实施人员	
任务点评	

岗位知识

一、固定资产的折旧

固定资产折旧是指在固定资产使用寿命内，按照确定的方法对应计折旧额进行系统分摊。应计折旧额是指应当计提折旧的固定资产的原价扣除其预计净残值后的金额。已计提减值准备的固定资产，还应当扣除已计提的固定资产减值准备累计金额。

> **点睛** 应计折旧额 = 固定资产的原价 − 预计净残值 − 固定资产减值准备

（一）影响固定资产折旧的因素

（1）固定资产原价：是指固定资产的成本。

（2）预计净残值：是指假定固定资产预计使用寿命已满并处于使用寿命终了时的预期状态，企业目前从该项资产处置中获得的扣除预计处置费用后的金额。

（3）固定资产减值准备：是指固定资产已计提的固定资产减值准备累计金额。每计提一次减值准备，固定资产后续期间都应按最新固定资产账面价值重新计算折旧。

（4）固定资产的使用寿命：是指企业使用固定资产的预计期间，或者该固定资产所能生产产品或提供劳务的数量。固定资产的使用寿命、预计净残值一经确定，不得随意变更。

> **点睛**
> 固定资产账面余额 = 固定资产资产原值（买价）
> 固定资产账面净值 = 固定资产原值 − 累计折旧
> 固定资产账面价值 = 固定资产原值 − 累计折旧 − 减值准备

（二）计提折旧的范围

1. 不应计提折旧的固定资产

（1）已提足折旧仍继续使用的固定资产；

（2）单独计价作为固定资产入账的土地；

（3）已全额计提减值准备的固定资产；

（4）提前报废的固定资产，不再补提折旧；

（5）对于改扩建期间的固定资产、更新改造过程的固定资产不计提折旧；

（6）以经营租赁方式租入的固定资产；

（7）以融资租赁方式租出的固定资产。

2. 应计提折旧的固定资产

（1）生产经营用固定资产；

（2）非生产经营用固定资产；

（3）出租固定资产；

（4）融资租赁方式租入的固定资产；

（5）因季节性、大修理而停工的固定资产；

（6）不需用、未使用的固定资产；

（7）已达到预定可使用状态但尚未办理竣工决算的固定资产。

> **点睛** 已达到预定可使用状态但尚未办理竣工决算的固定资产，应当按照估计价值确定其成本，并计提折旧；待办理竣工决算后，再按实际成本调整原来的暂估价值，但不需要调整原已计提的折旧额。

3. 计提折旧的时间范围

在确定计提折旧的范围时，还应注意以下几点。

（1）固定资产应当按月计提折旧，当月增加的固定资产，当月不计提折旧，从下月起计提折旧；

（2）当月减少的固定资产，当月仍计提折旧，从下月起不计提折旧；

（3）固定资产提足折旧后，不论能否继续使用，均不再计提折旧；所谓提足折旧，是指已经提足该项固定资产的应计折旧额。

> **点睛** 企业至少应当于每年年度终了对固定资产的使用寿命、预计净残值和折旧方法进行复核。使用寿命预计数与原先估计数有差异的，应当调整固定资产使用寿命。预计净残值预计数与原先估计数有差异的，应当调整预计净残值。与固定资产有关的经济利益预期实现方式有重大改变的，应当改变固定资产折旧方法。固定资产使用寿命、预计净残值和折旧方法的改变应当作为会计估计变更处理。

（三）固定资产折旧的方法

固定资产折旧方法的选择应当遵循可比性原则，如需变更，在会计报表附注中予以说明。

1. 年限平均法

年限平均法又称直线法，是指将固定资产的应计折旧额均衡地分摊到固定资产预计使用寿命内的一种折旧方法。这种折旧方法计算出的每期折旧额是相等的，基本计算公式如下。

年折旧率 =（1 - 预计净残值率）÷ 预计使用寿命

月折旧率 = 年折旧率 ÷ 12

月折旧额 = 固定资产原价 × 月折旧率

或：

年折旧额 =（固定资产原价 - 预计净残值）÷ 预计使用寿命
　　　　= 固定资产原价 ×（1 - 预计净残值率）÷ 预计使用年限

预计净残值率 = 预计净残值 ÷ 原价

月折旧额 = 年折旧额 ÷ 12

2. 工作量法

工作量法是指根据实际工作量计算固定资产每期应计提折旧额的一种方法。基本计算公式如下：

单位工作量折旧额 = ［固定资产原价 ×（1 - 预计净残值率）］÷ 预计总工作量

某项固定资产月折旧额 = 该项固定资产当月工作量 × 单位工作量折旧额

3. 双倍余额递减法

双倍余额递减法是指在不考虑固定资产预计净残值的情况下，根据每期期初固定资产原价减去累计折旧后的余额和双倍的直线法折旧率计算固定资产折旧的一种方法。基本计算公式如下。

年折旧率 = 2 ÷ 预计使用年限（年）× 100%

年折旧额 = 固定资产账面净值 × 年折旧率 =（固定资产原值 - 累计折旧）× 年折旧率

固定资产月折旧额 = 固定资产年折旧额 ÷ 12

> **点睛** 采用双倍余额递减法计提折旧的时候除了最后两年之外，其他年份是不需要考虑预计净残值的。在固定资产使用年限到期的前两年内，需将固定资产的账面净值扣除预计净残值后的余额平均摊销。

最后两年每年的折旧额 =（固定资产的原值 - 预计净残值 - 以前年度累计折旧）÷ 2

双倍余额法下，在到期前的最后两年之前，固定资产年折旧率不变，但随着时间的延长，固定资产的账面净值由于累计折旧不断增加而呈现下降趋势，从而表现为年折旧额呈现下降趋势。

另外，这里的折旧年度是以"以固定资产开始计提折旧月份为始计算的一个年度期间"，如固定资产是3月取得，那么"4月至第二年3月"为一个折旧年度。

4. 年数总和法

年数总和法是指将固定资产的原价减去预计净残值后的余额，乘以一个逐年递减的分数计算每年的折旧额，这个分数的分子代表固定资产尚可使用寿命，分母代表固定资产预计使用寿命逐年数字总和。基本计算公式如下。

年折旧率 = 尚可使用年限 ÷ 预计使用年限的年数总和 × 100%

年折旧额 =（固定资产原价 - 预计净残值）× 年折旧率

月折旧率 = 年折旧率 ÷ 12

已计提减值准备的固定资产，应当按照该项资产的账面价值（固定资产账面余额扣减累计折旧和减值准备后的金额）以及尚可使用寿命重新计算确定折旧率和折旧额。

年数总和法下，固定资产原价减去预计净残值的余额始终保持不变，一直在改变的是年折旧率，呈下降的趋势。

（四）固定资产折旧的账务处理

固定资产应当按月计提折旧，计提的折旧应当贷记"累计折旧"科目，并根据用途借方计入相关资产的成本或者当期损益。具体如表3-5所示。

表3-5　固定资产折旧应计入科目

固定资产用途	应计入科目
企业自行建造固定资产过程中使用	在建工程
基本生产车间使用	制造费用
管理部门使用	管理费用
销售部门使用	销售费用
用于经营出租	其他业务成本

二、固定资产的后续支出

固定资产的后续支出，是指企业的固定资产投入使用后，为了适应新技术发展的需要，或者为维护或提高固定资产的使用效能等所发生的更新改造支出、修理支出等，包括企业对固定资产进行维护、改建、扩建或者改良等所发生的支出。

（一）更新改造支出

固定资产的更新改造，如能使质量提高，加工能力增加、加工环境改善等方面的后续支出，满足固定资产确认条件的，应当计入固定资产成本。如有被替换的部分，应同时将被替换部分的账面价值从该固定资产原账面价值中扣除，被替换部分的账面价值计入营业外支出。

点睛　　被替换部分资产无论是否有残料收入等经济利益的流入，都不会影响最终固定资产的入账价值。

技能窗 固定资产更新改造支出的账务处理如表3-6所示。

表3-6　固定资产更新改造支出的账务处理

业务	账务处理
固定资产转入改扩建时	借：在建工程/累计折旧/固定资产减值准备 贷：固定资产
发生改扩建支出时	借：在建工程 　　应交税费——应交增值税（进项税额） 贷：银行存款等
涉及替换原固定资产的组成部分时	借：银行存款/原材料（残料价值）/营业外支出（净损失，差额倒挤） 贷：在建工程（被替换部分的账面价值）/营业外收入（净收益）
改扩建工程达到预定可使用状态时	借：固定资产 贷：在建工程

点睛　更新改造期间的固定资产不计提折旧，转为固定资产后，按重新确定的使用寿命、预计净残值和折旧方法计提折旧。

更新改造后固定资产的入账成本 =（改造前固定资产原值 - 累计折旧 - 固定资产减值准备）+ 资本化的更新改造支出 - 被替换部分的账面价值

（二）修理支出

与固定资产有关的修理费用等后续支出，不符合固定资产确认条件的，应当根据不同情况分别在发生时借方计入当期管理费用或销售费用，贷方根据具体的耗费记入"原材料""应付职工薪酬""银行存款"等科目。

基本的账务处理为

借：管理费用（企业生产车间和行政管理部门）

　　销售费用（专设销售机构）

　　应交税费——应交增值税（进项税额）

贷：原材料/应付职工薪酬/银行存款等

知识链接

知识锦囊

拓展提升

甲公司2013年12月购入一架飞机总计花费800000元（含发动机），发动机当时的购价为50000元。甲公司未将发动机作为一项单独的固定资产进行核算。2022年初，甲公司开辟新航线，航程增加。为延长飞机的空中飞行时间，甲公司决定更换一部性能更为先进的发动机。新发动机购入取得增值税专用发票注明的价款为70000元，增值税税额为9100元，另需支付安装费取得增值税专用发票注明的价款为1000元，增值税税额为90元。假定飞机的年折旧率为3%，不考虑预计净残值影响，假设替换下的旧发动机报废且无残值。

任务解析

要求：编制该公司相关业务的会计分录。

任务3　固定资产的期末计量

任务清单3-3　固定资产的期末计量

项目名称	任务清单内容
任务导入	宜诚公司现有一台设备由于性能等原因决定提前报废，原价为500000元，相关增值税税额为80000元，已计提折旧450000元，未计提减值准备。报废时的残值变价收入为20000元，增值税税额为2600元。报废清理过程中发生自行清理费用3500元。有关收入、支出均通过银行办理结算
任务目标	掌握固定资产的期末计量，包括固定资产的处置、清查和减值的账务处理
任务要求	根据任务导入，综合运用资源，完成宜诚公司报废清理固定资产的会计分录
任务实施	1. 将报废固定资产转入清理 2. 收回残料变价收入 3. 支付清理费用 4. 结转报废固定资产发生的净损益
任务总结	通过完成上述任务，你学到了哪些知识或技能？
实施人员	
任务点评	

岗位知识

一、固定资产的处置

固定资产处置，即固定资产的终止确认，具体包括固定资产的出售、报废、毁损、对外投资、非货币性资产交换、债务重组等，通过"固定资产清理"科目核算。

技能窗 固定资产处置业务的账务处理如表3-7所示。

表3-7　固定资产处置业务的账务处理

业务	账务处理	
固定资产的账面价值转入清理	借：固定资产清理（固定资产的账面价值）/累计折旧/固定资产减值准备 贷：固定资产（账面余额）	
发生清理费用等支出	借：固定资产清理 　　应交税费——应交增值税（进项税额） 贷：银行存款等	
收回出售固定资产的价款、残料价值和变价收入等	借：银行存款（收回价款，残料变价收入）/原材料（取得的残料入库） 贷：固定资产清理 　　应交税费——应交增值税（销项税额）	
保险赔偿等的处理	借：其他应收款（应由保险公司或过失人赔偿的金额） 贷：固定资产清理	
清理净损益	自然灾害等非正常原因导致净收益：借：固定资产清理　贷：营业外收入	
	自然灾害等非正常原因导致净损失：借：营业外支出　贷：固定资产清理	
	生产经营期间正常的损益：借：固定资产清理　贷：资产处置损益（净收益）	借：资产处置损益（净损失） 贷：固定资产清理

二、固定资产的清查

企业应定期或者至少于每年年末对固定资产进行清查盘点，以保证固定资产核算的真实性，充分挖掘企业现有固定资产的潜力。

（一）固定资产盘盈

企业在财产清查中盘盈的固定资产，作为重要的前期差错进行会计处理，在按管理权限报经批准处理前应先通过"以前年度损益调整"科目核算，按重置成本确定其入账价值。

【案例3-4】宜诚公司在财产清查中发现以前购入的一台设备尚未入账，重置成本为30000元。假定宜诚公司按净利润的10%计提法定盈余公积，不考虑相关税费的影响。

要求：为宜诚公司编制相关业务的会计分录。

做中学·学中做

（二）固定资产盘亏

企业在财产清查中盘亏的固定资产，在"待处理财产损溢"科目核算。

【案例3-5】宜诚公司进行财产清查时，发现短缺一台笔记本电脑，原价为10000元，已计提折旧7000元，购入时增值税税额为1300元。

要求：为宜诚公司编制相关业务的会计分录。

做中学·学中做

1. 盘亏固定资产

2. 转出不可抵扣的进项税额

3. 报经批准转销时

技能窗 固定资产盘盈或盘亏业务的账务处理如表3-8所示。

表3-8 固定资产盘盈或盘亏业务的账务处理

业务		账务处理
固定资产盘盈	批准前	借：固定资产 贷：以前年度损益调整
	查明原因，按管理权限经批准后	借：以前年度损益调整 贷：盈余公积——法定盈余公积 　　利润分配——未分配利润

续表

业务		账务处理
固定资产盘亏	批准前	借：待处理财产损溢 　　　累计折旧 　　　固定资产减值准备 贷：固定资产 　　　应交税费——应交增值税（进项税额转出）（自然灾害原因除外）
	查明原因，按管理权限经批准后	借：其他应收款（保险赔款或责任人赔款） 　　　营业外支出——盘亏损失 贷：待处理财产损溢

三、固定资产减值

固定资产在资产负债表日存在可能发生减值的迹象时，其可收回金额低于账面价值的，企业应当将该固定资产的账面价值减记至可收回金额，减记的金额确认为减值损失，计入当期损益，同时计提相应的资产减值准备。固定资产减值损失一经确认，在以后会计期间不得转回。

 固定资产的可收回金额应当以固定资产的预计未来现金流量现值与公允价值减处置费用的净额孰高原则确认。

基本的账务处理为
借：资产减值损失——计提的固定资产减值准备
贷：固定资产减值准备

【案例3-6】2021年末，宜诚公司的某生产线存在可能发生减值的迹象。经计算，该生产线的可收回金额合计为1230000元，账面价值为1400000元，以前年度未对该生产线计提过减值准备。

要求：计算宜诚公司应计提的减值准备，为宜诚公司编制相关业务的会计分录。

做中学·学中做

知识链接

知识锦囊

任务4　无形资产业务处理

任务清单3-4　无形资产业务处理

项目名称	任务清单内容
任务导入	宜诚公司为增值税一般纳税人，购入一项非专利技术，取得的增值税专用发票上注明的价款为900000元，税率6%，增值税税额54000元，以银行存款支付。合同规定受益年限为10年，宜诚公司按月摊销。在使用4年后，宜诚公司将其购买的非专利技术转让给某公司，增值税专用发票注明价款800000元，增值税税率为6%，款项为848000元已存入银行
任务目标	掌握无形资产的含义及内容，学会编制无形资产取得、持有期间及期末计量的会计分录
任务要求	根据任务导入，综合运用资源，完成对宜诚公司的无形资产业务的相关会计处理
任务实施	1. 宜诚公司购入非专利技术 2. 宜诚公司每月摊销非专利技术 3. 宜诚公司转让非专利技术
任务总结	通过完成上述任务，你学到了哪些知识或技能？
实施人员	
任务点评	

> 岗位知识

一、明确无形资产的核算范围

（一）无形资产的概念

无形资产是指企业拥有或者控制的没有实物形态的可辨认非货币性资产。

（二）无形资产的特征

（1）不具有实物形态；

（2）具有可辨认性。

判断是否具有可辨认性，需要满足下列条件之一即可。

① 能单独分离或划分出来，并能用于出售、转让、授予许可、租赁或交换。

② 源自合同性权利或其他法定权利。

③ 属于非货币性长期资产，且能够在多个会计期间为企业带来经济利益。

> 职业判断 商誉和企业内部自创的品牌是否属于企业的无形资产？为什么？

（三）无形资产的内容

无形资产主要包括：专利权、非专利技术、商标权、著作权、特许权和土地使用权等。

二、无形资产取得的核算

无形资产应当按照取得成本进行初始计量。取得方式主要有外购、自行研究开发等。

（一）外购的无形资产

外购的无形资产成本包括购买价款、相关税费以及直接归属于使该项资产达到预定用途所发生的其他支出。

其中，相关税费不包括按照现行增值税制度规定，可以从销项税额中抵扣的增值税进项税额；直接归属于该项资产达到预定用途所发生的其他支出，包括使无形资产达到预定用途所发生的专业服务费用、测试无形资产是否能够正常发挥作用的费用等。

基本的账务处理为

借：无形资产

  应交税费——应交增值税（进项税额）

贷：银行存款等

> **点睛**
> 下列各项不包括在无形资产的初始成本中。
> ① 为引入新产品进行宣传发生的广告费（计入销售费用）、管理费用及其他间接费用；
> ② 无形资产达到预定用途以后发生的费用，如员工的培训费（计入管理费用）。

（二）企业自行研究开发的无形资产

企业自行研究开发的无形资产，其入账成本包括自满足资本化条件的时点至无形资产达到预定用途所发生的可直接归属于该无形资产的创造、生产并使该资产能够以管理层预定的方式运作的必要支出总和。

企业内部研究开发项目所发生的支出应区分研究阶段支出和开发阶段支出。设置"研发支出"科目进行会计核算，反映企业内部在研发过程中发生的支出。按照研究开发项目，"研发支出"科目分"资本化支出"和"费用化支出"两个二级科目进行明细核算。其中，企业内部研究开发项目研究阶段的支出，应当于发生时计入当期损益（管理费用）。开发阶段有关支出，符合资本化条件的，计入无形资产的成本；不符合资本化条件的，计入当期损益（管理费用）。研发支出如果无法可靠区分研究阶段的支出和开发阶段的支出，那么发生的支出应该全部费用化处理，计入当期损益，不应计入无形资产成本。

> **点睛**
> 不管是研究阶段费用化的支出还是开发阶段符合资本化的支出，均需要先在"研发支出"科目中进行归集核算，之后再从研发支出中转入管理费用或无形资产。

> **职业判断**
> "研发支出——资本化支出"科目余额在资产负债表哪一项目下列报？"开发支出"项目？"存货"项目？"无形资产"项目？

> **技能窗** 自行研究开发无形资产的账务处理如表3-9所示。

表3-9 自行研究开发无形资产的账务处理

阶段	情形	发生时会计处理	期末或达到预定可使用状态
研究阶段支出	全部费用化	借：研发支出——费用化支出 　　应交税费——应交增值税（进项税额） 贷：银行存款/原材料/应付职工薪酬等	期末（月末） 借：管理费用 贷：研发支出——费用化支出

续表

阶段	情形	发生时会计处理	期末或达到预定可使用状态
开发阶段支出	不满足资本化条件	借：研发支出——费用化支出 　　应交税费——应交增值税（进项税额） 贷：银行存款/原材料/应付职工薪酬等	期末（月末） 借：管理费用 贷：研发支出——费用化支出
	满足资本化条件	借：研发支出——资本化支出 　　应交税费——应交增值税（进项税额） 贷：银行存款/原材料/应付职工薪酬等	达到预定可使用状态 借：无形资产 贷：研发支出——资本化支出

三、无形资产的摊销

（一）无形资产的摊销范围

企业应当于取得无形资产时分析判断其使用寿命。使用寿命有限的无形资产需要在估计使用寿命内采用系统合理的方法进行摊销，对于使用寿命不确定的无形资产则不需要摊销。

（二）无形资产的应摊销金额、摊销期和摊销方法

无形资产的应摊销金额是指无形资产的成本扣除预计残值后的金额。已计提减值准备的无形资产，还应扣除已计提的无形资产减值准备累计金额。

> **点睛**　无形资产的应摊销金额 = 成本 − 预计残值 − 无形资产减值准备累计金额

用寿命有限的无形资产，通常其残值视为零，但下列情况除外。

① 有第三方承诺在无形资产使用寿命结束时购买该无形资产；

② 可以根据活跃市场得到预计残值信息，并且该市场在无形资产使用寿命结束时很可能存在。

对于使用寿命有限的无形资产应当自可供使用（即其达到预定用途）当月起开始摊销，处置当月不再摊销。无形资产摊销时，如果合同规定了受益年限，法律也规定了有效年限的，摊销年限选择二者中较短者。

无形资产摊销方法包括年限平均法（即直线法）、生产总量法等。企业选择的无形资产的摊销方法，应当反映与该项无形资产有关的经济利益的预期实现方式。无法可靠确定预期实现方式的，应当采用直线法摊销。

（三）无形资产摊销的会计处理

企业自用的无形资产，其摊销金额计入管理费用；出租的无形资产，其摊销金额计入其他业务成本；某项无形资产包含的经济利益通过所生产的产品或其他资产实现的，其摊销金额应当计入相关资产成本（制造费用）。

基本的账务处理为

借：制造费用（用于产品生产）
　　管理费用（自用的无形资产）
　　其他业务成本（出租的无形资产）
　贷：累计摊销

> **点睛** 无法预见无形资产为企业带来经济利益期限的，应当视为使用寿命不确定的无形资产，不需要进行摊销，但是需要在每年年末进行减值测试。

四、无形资产的处置

（1）企业出售无形资产，应当将取得的价款与该无形资产账面价值及相关税费的差额计入当期损益（资产处置损益）。基本的账务处理为

借：银行存款
　　无形资产减值准备
　　累计摊销
　贷：无形资产
　　　应交税费——应交增值税（销项税额）
　　　资产处置损益（或借方）

（2）无形资产预期不能为企业带来未来经济利益的，应当将该无形资产的账面价值予以转销，计入当期损益（营业外支出）。基本的账务处理为

借：营业外支出
　　累计摊销
　　无形资产减值准备
　贷：无形资产

五、无形资产的减值

无形资产在资产负债表日存在可能发生减值的迹象时，其可收回金额低于账面价值的，企业应当将该无形资产的账面价值减记至可收回金额，减记的金额确认为减值损失，计入当期损益，同时计提相应的资产减值准备。借记"资产减值损失——计提的无形资产减值准备"科目，贷记"无形资产减值准备"科目。

> **点睛** 无形资产的账面价值＝无形资产账面余额（原值）－无形资产累计摊销－无形资产减值准备贷方余额

基本的账务处理为

借：资产减值损失——计提的无形资产减值准备

贷：无形资产减值准备

> **点睛** 无形资产减值准备一经计提，以后会计期间不得转回。

【案例3-7】2021年末，市场上某项新技术生产的产品销售势头较好，已对宜诚公司产品的销售产生重大不利影响。宜诚公司外购的类似专利技术的账面价值为800000元，剩余摊销年限为4年，经减值测试，该专利技术的可收回金额为750000元。

要求：计算宜诚公司应计提的减值准备，为宜诚公司编制相关业务的会计分录。

做中学·学中做

技能窗 有关资产减值的区别如表3-10所示。

表3-10 有关资产减值的区别

资产项目	计提减值比较基础	计提时账务处理	转回时账务处理
存货	可变现净值	借：资产减值损失 贷：存货跌价准备	借：存货跌价准备 贷：资产减值损失
应收款项	预期信用损失	借：信用减值损失 贷：坏账准备	借：坏账准备 贷：信用减值损失
固定资产	可收回金额	借：资产减值损失 贷：固定资产减值准备	不能转回
无形资产	可收回金额	借：资产减值损失 贷：无形资产减值准备	不能转回

知识链接

知识锦囊

拓展提升

宜诚公司自行研究开发一项技术，截至2020年12月31日，发生研发支出合计2000000元，经测试该项研发活动完成了研究阶段（全是研发支出），从2021年1月1日开始进入开发阶段。2021年发生开发支出300000元，假定符合《企业会计准则第6号——无形资产》规定的开发支出资本化条件。取得增值税专用发票注明的增值税税额为39000元。2021年6月30日，该项研发活动结束，最终开发出一项非专利技术。

任务解析

要求：为宜诚公司编制相关业务的会计分录。

1. 2020年发生研发支出

---

2. 2020年12月31日，结转研究阶段的研发支出

---

3. 2021年，发生开发支出并满足资本化确认条件

---

4. 2021年6月30日，该技术研发完成并形成无形资产

任务5　长期待摊费用业务处理

任务清单3-5　长期待摊费用业务处理

项目名称	任务清单内容
任务导入	宜诚公司对其以经营租赁方式新租入的办公楼进行装修，发生以下有关支出。 领用生产用材料500000元，购进该批原材料时支付的增值税进项税额为65000元； 辅助生产车间为该装修工程提供的劳务支出为180000元； 有关人员工资等职工薪酬520000元。 半年后，该办公楼装修完工，达到预定可使用状态并交付使用，按租赁期10年开始进行摊销
任务目标	掌握长期待摊费用的含义，掌握长期待摊费用发生和摊销时的会计账务处理
任务要求	根据任务导入，综合运用资源，完成对宜诚公司长期待摊费用业务的相关会计处理
任务实施	1. 装修领用原材料时 2. 辅助车间为装修工程提供劳务时 3. 确认工程人员职工薪酬时 4. 按月摊销装修支出时
任务总结	通过完成上述任务，你学到了哪些知识或技能？
实施人员	
任务点评	

岗位知识

一、长期待摊费用的含义

长期待摊费用是指企业已经发生但应由本期和以后各期负担的分摊期限在1年以上（不含1年）的各项费用，具体包括固定资产大修理支出、以经营租赁方式租入的固定资产的改良支出及摊销期限在一年以上的其他长期待摊费用。

二、长期待摊费用的核算

企业应通过"长期待摊费用"科目，核算长期待摊费用的发生、摊销和结存等情况。企业发生的长期待摊费用，基本的账务处理为

借：长期待摊费用
　　应交税费——应交增值税（进项税额）
贷：银行存款/原材料/应付职工薪酬等

摊销长期待摊费用，基本的账务处理为

借：管理费用/销售费用等
贷：长期待摊费用

其中，以经营租赁方式租入的固定资产发生的改良支出，应予资本化，计入长期待摊费用时，应在剩余租赁期与租赁资产尚可使用年限两者中较短的期间内进行摊销。

知识链接

知识锦囊

知识测试与能力训练

一、单项选择题

1. 下列各项中，不会导致固定资产账面价值发生增减变动的是（　　）。
   A. 盘盈固定资产　　　　　　　　B. 经营性租赁租入设备
   C. 以固定资产对外投资　　　　　D. 对固定资产计提减值准备

2. 2019年12月31日，甲公司购入一台设备，入账价值为100万元，预计使用年限为5年，预计净残值4万元，采用双倍余额递减法计算折旧，则该项设备2021年应计提的折旧额为（　　）万元。
   A. 25.6　　　　　　　　　　　　B. 19.2
   C. 40　　　　　　　　　　　　　D. 24

3. 某企业对生产设备进行改良，发生资本化支出共计45万元，被替换旧部件的账面价值为10万元，该设备原价为500万元，已计提折旧300万元，不考虑其他因素。该设备改良后的入账价值为（　　）万元。
   A. 245　　　　　　　　　　　　B. 235
   C. 200　　　　　　　　　　　　D. 190

4. 某公司出售专用设备一台，取得价款30万元，增值税税额3.9万元，发生清理费用5万元，增值税税额0.3万元，该设备的账面价值22万元，不考虑其他因素。下列各项中，关于此项交易净损益会计处理结果表述正确的是（　　）。
   A. 资产处置损益增加8万元　　　　B. 资产处置损益增加3万元
   C. 资产处置损益增加25万元　　　 D. 资产处置损益增加27万元

5. 下列各项中，关于固定资产计提折旧的表述正确的是（　　）。
   A. 承租方经营租赁租入的房屋应计提折旧
   B. 提前报废的固定资产应补提折旧
   C. 已提足折旧继续使用的房屋应计提折旧
   D. 暂时闲置的库房应计提折旧

二、多项选择题

1. 下列各项中，应计提固定资产折旧的有（　　）。
   A. 经营租入的设备　　　　　　　B. 融资租入的办公楼
   C. 已投入使用但未办理竣工决算的厂房　　D. 已达到预定可使用状态但未投产的生产线

2. 下列各项中，关于企业固定资产折旧方法的表述正确的有（　　）。
   A. 年限平均法需要考虑固定资产的预计净残值
   B. 年数总和法计算的固定资产折旧额逐年递减
   C. 双倍余额递减法不需要考虑固定资产的预计净残值
   D. 年数总和法不需要考虑固定资产的预计净残值
3. 下列各项中，影响固定资产折旧的因素有（　　）。
   A. 固定资产原价　　　　　　　　B. 固定资产的预计使用寿命
   C. 固定资产预计净残值　　　　　D. 已计提的固定资产减值准备
4. 下列各项中，影响固定资产清理净损益的有（　　）。
   A. 清理固定资产发生的税费
   B. 清理固定资产的变价收入
   C. 清理固定资产的账面价值
   D. 清理固定资产耗用的材料成本
5. 企业结转固定资产清理净损益时，可能涉及的会计科目有（　　）。
   A. 管理费用　　　　　　　　　　B. 营业外收入
   C. 营业外支出　　　　　　　　　D. 固定资产处置收益

三、判断题

1. 企业将发生的固定资产后续支出计入固定资产成本的，应当终止确认被替换部分的初始原值。（　　）
2. 企业无法可靠区分研究阶段和开发阶段支出的，应将其所发生的研发支出全部资本化计入无形资产成本。（　　）
3. 已达到预定可使用状态但尚未办理竣工决算的固定资产不应计提折旧。（　　）
4. 使用寿命有限的无形资产应当自达到预定用途的下月起开始摊销。（　　）
5. 已达到预定可使用状态暂按估计价值确定成本的固定资产在办理竣工决算后，应按实际成本调整原来的暂估价值，但不需调整原已计提的折旧额。（　　）

四、业务操作题

甲公司为增值税一般纳税人，2021年发生有关业务如下：

（1）10月8日，甲公司自行建造厂房，购入工程物资，取得增值税专用发票上注明的销售价格为98万元，增值税税额为12.74万元；另支付安装费2万元，增值税税额为0.18万元，全部款项以银行存款支付；领用生产用材料10万元，相关增值税1.3万元。该设备预计可使用年限为5年，预计净残值为4万元，当月达到预定可使用状态。

（2）11月，甲公司对一条生产线进行更新改造，该生产线的原价为200万元，已计提折旧120万元，改造过程中发生符合资本化支出70万元，被替换部件的账面价值为10万元。

（3）12月，甲公司某仓库因台风发生毁损，该仓库原价为400万元，已计提折旧为100万元。其残料估计价值为5万元，残料已办理入库，以银行存款支付清理费用2万元，增值税税额为0.18万元，经保险公司核定应赔偿损失150万元，尚未收到赔款。

（4）12月末，甲公司对固定资产进行盘点，发现短缺一台笔记本电脑，原价为1万元，已计提折旧0.8万元，资产购入支付的增值税为0.13万元，损失中应由相关责任人赔偿0.1万元。

要求：根据上述资料，编制相关业务的会计分录。

模块四
投资核算岗位业务

岗位职责
- 配合相关人员拟定公司各项投资管理制度。
- 参与对投资环境进行分析、预测金融市场走势、评估投资机会。
- 参与公司各投资项目的可行性分析和论证。
- 核算公司各项投资业务。
- 参与投资项目的财务预测、风险分析与控制。
- 参与公司股份制改造及上市、购并、资产重组、破产清算的方案设计。

知识目标
- 说明交易性金融资产内容、特征。
- 理解公允价值的应用。
- 识记投资性房地产的核算范围。
- 归纳交易性金融资产和投资性房地产的核算方法。

能力目标
- 能够正确计算交易性金融资产的取得成本、交易性金融资产公允价值的变动和交易性金融资产出售的损益。
- 能够正确对交易性金融资产取得、持有期间、期末计量及出售业务进行核算。
- 能够完成交易性金融资产应交增值税的核算。
- 能够辨别投资性房地产业务，采用适宜的模式对投资性房地产业务进行核算。

素质目标
- 树立合理的理财观。
- 培养学生仔细认真的职业素养和良好的心理素质。

模块四 投资核算岗位业务

任务1 交易性金融资产业务处理

任务清单4-1 交易性金融资产业务处理

项目名称	任务清单内容
任务导入	宜诚公司现有暂时闲置资金500000元，公司拟将闲置资金用于投资，以便赚取收益。经公司会议研究决定，拟从二级市场购入股票以赚取差价，在公司需要资金时随时可以出售回笼资金。 　　宜诚公司于2021年7月2日将闲置资金的500000元存入证券投资款账户，并于7月5日从二级市场购入M公司股票10000股，该笔股票在购买日的公允价值为每股29.40元，并取得证券公司开具的交易手续费增值税专用发票，注明交易费用700元，增值税税额42元。7月30日，该股票的公允价值为每股31.50元。8月20日，公司临时需要资金，将所持有的M公司股票全部出售，价款为310000元，另支付交易手续费740元、手续费增值税税额44.40元，取得增值税专用发票
任务目标	认知金融资产的范围和分类，说明交易性金融资产的特点，理解交易性金融资产的核算方法，能够根据业务条件完成交易性金融资产的会计处理
任务要求	根据任务导入，综合运用资源，完成以下任务。 （1）辨析宜诚公司购入股票属于哪类金融资产，并说明理由。 （2）完成宜诚公司交易性金融资产的相关会计处理
任务实施	1. 辨析宜诚公司购入股票属于哪类金融资产，并说明理由 2. 宜诚公司交易性金融资产业务的相关会计处理 （1）编制宜诚公司7月2日将资金存入证券投资账户的会计分录： （2）编制宜诚公司7月5日购入股票的会计分录： （3）编制宜诚公司购入股票支付交易手续费的会计分录： （4）编制宜诚公司7月30日对公允价值变动所做的会计分录： （5）编制宜诚公司8月20日出售股票的会计分录： （6）编制宜诚公司出售股票支付手续费的会计分录： （7）编制宜诚公司转让金融商品应交增值税的会计分录：
任务总结	通过完成上述任务，你学到了哪些知识或技能？
实施人员	
任务点评	

岗位知识

一、认知交易性金融资产

（一）金融资产的范围

在企业全部资产中，库存现金、银行存款、应收账款、应收票据、贷款、其他应收款、应收利息、债权投资、股权投资、基金投资及衍生金融资产等统称为金融资产。

 预付账款产生的未来经济利益是商品或服务，不是收取现金或其他金融资产的权利，不是金融资产。

（二）金融资产的分类

金融资产的种类繁多，可以按照不同的标准进行合理分类。

按照经济内容分，金融资产可以分为库存现金、银行存款、应收账款、应收票据、贷款、其他应收款、应收利息、债权投资、股权投资等。

按计量方法分，金融资产可以分为以成本计量的金融资产和以公允价值计量的金融资产。

按《企业会计准则第22号——金融工具确认和计量》（2017）的规定分类，金融资产分为以摊余成本计量的金融资产、以公允价值计量且其变动计入其他综合收益的金融资产、以公允价值计量且其变动计入当期损益的金融资产。

本任务主要介绍以公允价值计量且其变动计入当期损益的交易性金融资产的会计处理。

（三）交易性金融资产

交易性金融资产是指企业为了近期内出售而持有的金融资产。通常情况下，企业以赚取差价为目的从二级市场购入的股票、债券、基金等，应当划分为交易性金融资产。

按照企业会计准则的分类，交易性金融资产属于企业以公允价值计量且其变动计入当期损益的金融资产。企业持有交易性金融资产的目的并非收取合同现金流量或者既收取合同现金流量又出售资产，而是通过活跃和频繁的买卖行为（即交易性），从价格的短期波动或买卖价差中获利并实现其目标。有时，企业在持有交易性金融资产过程中会收取合同现金流量，但其业务模式目标也并非通过既收取合同现金流量又出售金融资产来实现。

 业务模式是指企业如何管理其金融资产以产生现金流量。它将决定现金流量是源自收取合同现金流量，还是出售金融资产，或是两者兼有。

二、交易性金融资产的账务处理

为了反映和监督交易性金融资产的取得、收取现金股利或利息、出售等情况，企业应当设置"交易性金融资产""公允价值变动损益""投资收益"等科目进行核算。

"交易性金融资产"科目核算以公允价值计量且其变动计入当期损益的金融资产。该科目的借方登记交易性金融资产的取得成本、资产负债表日其公允价值高于账面余额的差额，以及出售交易性金融资产时结转公允价值低于账面余额的变动金额；贷方登记资产负债表日其公允价值低于账面余额的差额，以及企业出售交易性金融资产时结转的成本和公允价值高于账面余额的变动金额。企业应当按照交易性金融资产的类别和品种，分别设置"成本""公允价值变动"等明细科目进行核算。

"公允价值变动损益"科目核算企业交易性金融资产等的公允价值变动而形成的应计入当期损益的利得或损失。该科目的借方登记资产负债表日企业持有的交易性金融资产等的公允价值低于账面余额的差额；贷方登记资产负债表日企业持有的交易性金融资产等的公允价值高于账面余额的差额。

"投资收益"科目核算企业持有交易性金融资产等的期间内取得的投资收益以及出售交易性金融资产等实现的投资收益或投资损失。该科目的借方登记企业取得交易性金融资产时支付的交易费用、出售交易性金融资产等发生的投资损失，贷方登记企业持有交易性金融资产期间内取得的投资收益，以及出售交易性金融资产实现的投资收益。"投资收益"科目应当按照投资项目设置明细科目进行核算。

（一）取得交易性金融资产

企业取得交易性金融资产时，应当按照取得时的公允价值借记"交易性金融资产——成本"科目，按照发生的交易费用，借记"投资收益"科目，发生交易费取得增值税专用发票的，按其注明的增值税进项税额，借记"应交税费——应交增值税（进项税额）"科目，取得交易性金融资产所支付价款中包含的已宣告但尚未发放的现金股利或已到付息期但尚未领取的债券利息，借记"应收股利"或"应收利息"科目，按照实际支付的金额，贷记"其他货币资金"等科目。

> **点睛** 金融资产的公允价值，应当以市场交易价格为基础确定。

（二）持有交易性金融资产

1. 取得股利或利息

企业持有交易性金融资产期间，对于收到的属于取得交易性金融资产时支付价款中包含已宣告发放的现金股利或已到付息期但尚未支付的债券利息，应直接冲减应收项目，借记"其他货币资金"等科目，贷记"应收股利"或"应收利息"科目。

在持有期间，收到被投资单位宣告发放的现金股利或资产负债表日确认分期付息债券利息，应当确认为应收项目，并计入投资收益，借记"应收股利"或"应收利息"科目，贷记"投资收益"科目；实际收到款项时作为冲减应收项目处理，借记"其他货币资金"等科目，贷记"应收股利"或"应收利息"科目。

2. 期末计量

资产负债表日，交易性金融资产应当按照公允价值计量，公允价值与账面余额之间的差额计入当期损益。当交易性金融资产公允价值高于其账面余额，按其差额，借记"交易性金融资产——公允价值变动"科目，贷记"公允价值变动损益"科目；当交易性金融资产的公允价值低于其账面余额，按其差额，借记"公允价值变动损益"科目，贷记"交易性金融资产——公允价值变动"科目。

> **点睛** 对于债券投资，在资产负债表日计算公允价值变动损益时，要考虑公允价值中是否包含利息因素。

（三）出售交易性金融资产

企业出售交易性金融资产时，应当将出售时交易性金融资产的公允价值与其账面余额之间的差额作为投资损益。

交易性金融资产出售时，应当按照实际收到的金额，借记"其他货币资金"等科目，按照该金融资产的账面余额的成本部分，贷记"交易性金融资产——成本"科目，按照该金融资产的账面余额的公允价值变动部分，贷记或借记"交易性金融资产——公允价值变动"科目，按照其差额，贷记或借记"投资收益"科目。

（四）转让金融商品应交增值税

金融商品转让按照卖出价扣除买入价（不需要扣除已宣告尚未发放的现金股利和已到付息期尚未领取的利息）后的余额作为销售额计算增值税，即转让金融商品按盈亏相抵后的余额为销售额。若相抵后出现负差，可结转下一纳税期与下期转让金融商品销售额互抵，但年末时仍出现负差的，不得转入下一会计年度。

转让金融资产当月月末，如产生转让收益，则按应纳税额，借记"投资收益"等科目，贷记"应交税费——转让金融商品应交增值税"科目；如产生转让损失，则按可结转下月抵扣税额，借记"应交税费——转让金融商品应交增值税"科目，贷记"投资收益"等科目。

年末，如果"应交税费——转让金融商品应交增值税"科目有借方余额，说明本年度的金融商品转让损失无法弥补，且本年度的金融资产转让损失不可转入下年度继续扣减转让金融资产的收益，因此，应借记"投资收益"科目，贷记"应交税费——转让金融商品应交增值税"科目,将"应交税费——转让金融商品应交增值税"科目的借方余额转出。

点睛 在计算转让金融商品应交增值税的计税销售额时,交易手续费不得扣除,同时,交易性金融资产的买价和卖价为含税价。

技能窗 企业交易性金融资产的主要账务处理如表4-1所示。

表4-1 交易性金融资产的账务处理

业务	账务处理
初始取得	借:交易性金融资产——成本(公允价值) 　　应收股利(已宣告但尚未发放的现金股利) 　　应收利息(已到付息期但尚未领取的债券利息) 　　投资收益(交易费用) 　　应交税费——应交增值税(进项税额)(交易费用可抵扣的增值税) 贷:其他货币资金或银行存款(支付的总价款)
持有期间宣告分配现金股利或到期计提利息时	(1)被投资单位宣告发放的现金股利或到期计提利息时: 借:应收股利(或应收利息) 贷:投资收益 (2)收到现金股利或利息时: 借:其他货币资金或银行存款 贷:应收股利(或应收利息)
期末计量	(1)公允价值大于账面价值时: 借:交易性金融资产——公允价值变动 贷:公允价值变动损益 (2)公允价值小于账面价值时: 借:公允价值变动损益 贷:交易性金融资产——公允价值变动
出售交易性金融资产	借:其他货币资金或银行存款(实际收到的售价净额) 贷:交易性金融资产——成本 　　　　　　　　　　——公允价值变动(或借方) 　　投资收益(差额倒挤,损失记借方,收益记贷方)
转让金融商品应交增值税	(1)产生转让收益时: 借:投资收益 贷:应交税费——转让金融商品应交增值税 (2)产生转让损失时: 借:应交税费——转让金融商品应交增值税 贷:投资收益

知识链接

知识锦囊

拓展提升

宜诚公司于7月5日将剩余资金购买N公司发行的债券,该笔债券于2021年初发行,面值为200000元,票面利率为4%。每半年支付一次利息。宜诚公司支付价款204500元(其中包含已到付息期的债券利息4000元),取得的交易手续费增值税专用发票,注明交易费用500元、增值税税额30元。7月10日,收到该债券上半年的利息。2021年12月31日,宜诚公司购买的N公司债券公允价值为225000元(包含利息)。

要求:编制宜诚公司购入债券、取得利息、年末计提利息及确认公允价值变动的分录。

任务解析

任务2　投资性房地产业务处理

任务清单4-2　投资性房地产业务处理

项目名称	任务清单内容
任务导入	宜诚公司计划购入一栋仓库对外出租。8月10日与Z公司签订了经营租赁合同，约定自仓库购买日起，将这栋仓库出租给Z公司，为期3年，每月应收取不含税租金40000元、增值税3600元。9月1日，宜诚公司实际购入仓库，以银行存款支付价款3500000元、增值税税额315000元。9月末，收到Z公司转来的租金收入，月末计提折旧14500元
任务目标	明确投资性房地产的核算范围，理解成本模式下投资性房地产的核算方法，能够根据业务条件完成投资性房地产的会计处理
任务要求	根据任务导入，综合运用资源，完成以下任务。 （1）说明投资性房地产的核算范围； （2）分析宜诚公司确认投资性房地产的日期，并说明理由； （3）对宜诚公司的投资性房地产业务进行相关会计处理
任务实施	1. 说明投资性房地产的核算范围 2. 分析宜诚公司确认投资性房地产的日期，并说明理由 3. 宜诚公司投资性房地产业务的相关会计处理 （1）编制宜诚取得投资性房地产的会计分录： （2）编制宜诚公司9月末计提折旧的分录： （3）编制宜诚公司取得租金收入的分录：
任务总结	通过完成上述任务，你学到了哪些知识或技能？
实施人员	
任务点评	

岗位知识

一、认知投资性房地产

投资性房地产是指为赚取租金或资本增值，或两者兼有而持有的房地产，包括：

（1）已出租的土地使用权，是指企业通过出让或转让方式取得并以经营租赁方式出租的土地使用权。

（2）持有并准备增值后转让的土地使用权，是指企业通过出让或转让方式取得的并准备增值后转让的土地使用权。

（3）已出租的建筑物。已出租的建筑物，是指企业拥有产权并以经营租赁方式出租的房屋建筑物，包括自行建造或开发活动完成后用于出租的建筑物。

> **点睛** 对以经营租赁方式租入土地使用权再转租给其他单位的，不能确认为投资性房地产；按照国家有关规定认定的闲置土地，不属于持有并准备增值后转让的土地使用权。

企业的投资性房地产可以通过外购、自建或内部转换方式加以确认。但无论企业是以什么方式取得的投资性房地产，只有在形成房地产的同时对外出租（租赁开始日起）或用于资本增值时，才能称为投资性房地产。

二、投资性房地产的账务处理

投资性房地产的计量分为成本模式和公允价值模式两种。本任务主要介绍成本模式下投资性房地产的账务处理。

> **点睛** 企业通常采用成本模式对投资性房地产进行后续计量，且同一企业只能采用一种模式对所有投资性房地产进行后续计量，同时规定，企业可以从成本模式变更为公允价值模式，已采用公允价值模式的不得转为成本模式。

成本模式是指投资性房地产的初始计量和后续计量均采用实际成本进行核算，外购、自行建造等按照初始购置或自行建造的实际成本计量，后续发生符合资本化条件的支出计入账面成本，后续计量按照固定资产或无形资产的相关规定按期计提折旧或摊销，资产负债表日发生减值的计提减值准备。

为了反映和监督投资性房地产的取得、计提折旧或摊销等情况，企业在成本模式下分别设置"投资性房地产"科目，核算投资性房地产实际成本及其增减变化，按具体项目（如厂房、已出租土地使用权等）设置明细核算；设置"投资性房地产累计折旧""投资性房地产累计摊销"科目，核算投资性房地产计提折旧或计提摊销；设置"投资性房地产减值准备"科目，核算计提的减值准备；设置"其他业务收入""其他业务成本"科目，核算处置收益和成本。

1. 取得投资性房地产的核算

（1）外购的投资性房地产。企业外购的土地使用权和建筑物，按照取得时的实际成本进行初始计量，借记"投资性房地产"科目，贷记"银行存款"等科目，取得时的实际成本包括购买价款、相关税费和可直接归属于该资产的其他支出。涉及可抵扣的增值税，借记"应交税费——应交增值税（进项税额）"科目。

（2）自建的投资性房地产。自行建造的投资性房地产，其成本由建造该项资产达到预定可使用状态前发生的必要支出构成，包括土地开发费、建筑成本、安装成本、应予以资本化的借款费用、支付的其他费用和分摊的间接费用等。建造过程中发生的非正常性损失直接计入当期损益，不计入建造成本。按照建造过程中发生的成本，在建造完工并出租时，借记"投资性房地产"科目，贷记"在建工程"等科目。

（3）自用房地产或存货转换为投资性房地产。自用房地产或存货转换为投资性房地产，按转换的房地产或存货的账面余额，借记"投资性房地产"科目，贷记"固定资产""无形资产"等科目；按已计提的折旧或摊销，借记"累计折旧"或"累计摊销"科目，贷记"投资性房地产累计折旧"或"投资性房地产累计摊销"科目；原已计提减值准备的，借记"固定资产减值准备"或"无形资产减值准备"等科目，贷记"投资性房地产减值准备"科目。

2. 投资性房地产的后续核算

成本模式下，持有期间按期（月）计提折旧或摊销，借记"其他业务成本"科目，贷记"投资性房地产累计折旧"或"投资性房地产累计摊销"科目；取得或确认租金收入，借记"银行存款""其他应收款"等科目，贷记"其他业务收入"科目，涉及增值税的，进行相应的账务处理；存在减值迹象的，应当按照资产减值的相关规定计提减值准备，借记"资产减值损失"科目，贷记"投资性房地产减值准备"科目。

3. 投资性房地产的处置或转换核算

企业出售、转让、报废投资性房地产时，应当按照实际收到的金额，借记"银行存款"等科目，贷记"其他业务收入"科目，按照应交的增值税，贷记"应交税费——应交增值税（销项税额）"科目；按照该项投资性房地产的账面价值，借记"其他业务成本"科目，按已计提的折旧或摊销，借记"投资性房地产累计折旧"或"投资性房地产累计摊销"科目，原已计提减值准备的，借记"投资性房地产减值准备"科目，按投资性房地产的账面余额，贷记"投资性房地产"科目。

若企业将投资性房地产转换为自用房地产，应当在该投资性房地产的转换日，按投资性房地产的账面余额，借记"固定资产"或"无形资产"科目，贷记"投资性房地产"科目；按已计提的折旧或摊销，借记"投资性房地产累计折旧"或"投资性房地产累计摊销"科目,贷记"累计折旧"或"累计摊销"科目;原已计提减值准备的,借记"投资性房地产减值准备"科目,贷记"固定资产减值准备"或"无形资产减值准备"科目。

技能窗 企业投资性房地产的主要账务处理如表4-2所示。

表4-2 投资性房地产的账务处理

业务		账务处理
取得	外购	借:投资性房地产 　　应交税费——应交增值税(进项税额) 贷:银行存款
	自建	借:投资性房地产 贷:在建工程
	自有转换	借:投资性房地产 　　累计折旧(累计摊销) 贷:固定资产/无形资产 　　投资性房地产累计折旧(摊销)
后续计量	计提折旧或摊销	借:其他业务成本 贷:投资性房地产累计折旧(摊销)
	确认租金收入	借:银行存款等 贷:其他业务收入 　　应交税费——应交增值税(销项税额)
	计提减值	借:资产减值损失 贷:投资性房地产减值准备
处置或转换	转换	借:固定资产/无形资产 　　投资性房地产累计折旧(摊销) 　　投资性房地产减值准备 贷:投资性房地产 　　累计折旧(累计摊销) 　　固定资产/无形资产减值准备
	处置	(1)处置收入 借:银行存款 贷:其他业务收入 　　应交税费——应交增值税(销项税额) (2)结转成本 借:其他业务成本 　　投资性房地产累计折旧(摊销) 　　投资性房地产减值准备 贷:投资性房地产

知识链接

知识锦囊

拓展提升

见任务清单4-2,假设宜诚公司在3年后仓库到期转为自用。

要求:编制该公司投资性房地产到期时的会计分录。

任务解析

知识测试与能力训练

一、单项选择题

1. 甲公司为增值税一般纳税人，2021年12月1日，甲公司购入乙公司发行的公司债券，支付价款600万元，其中包括已到付息但尚未领取的债券利息12万元，另支付相关交易费用3万元，取得增值税专用发票上注明的增值税税额为0.18万元。甲公司将其划分为交易性金融资产进行核算，该项交易性金融资产的入账金额为（　　）万元。

   A. 603　　　　　　　　　　　　B. 591
   C. 600　　　　　　　　　　　　D. 588

2. 在资产负债表日企业计算确认所持有交易性金融资产的公允价值低于其账面余额的金额，应借记的会计科目是（　　）。

   A. 营业外支出　　　　　　　　　B. 投资收益
   C. 公允价值变动损益　　　　　　D. 其他业务成本

3. 甲公司从证券市场购入乙公司股票50000股，划分为交易性金融资产。甲公司为此支付价款105万元，其中包含已宣告但尚未发放的现金股利1万元，另支付相关交易费用0.5万元，假定不考虑其他因素，甲公司该项投资的入账金额为（　　）万元。

   A. 104　　　　　　　　　　　　B. 105.5
   C. 105　　　　　　　　　　　　D. 104.5

4. 下列各项中，不属于投资性房地产的是（　　）。

   A. 已出租的建筑物
   B. 经营租赁方式租入再转租的建筑物
   C. 已出租的土地使用权
   D. 持有并准备增值后转让的土地使用权

5. 以成本模式计量的投资性房地产，计提折旧时，应借记（　　）科目。

   A. 投资收益　　　　　　　　　　B. 管理费用
   C. 其他业务成本　　　　　　　　D. 公允价值变动损益

二、多项选择题

1. 企业在购入公司债券作为交易性金融资产时可能用到的借方科目有（　　）。

   A. 交易性金融资产　　　　　　　B. 应收利息
   C. 财务费用　　　　　　　　　　D. 投资收益

2. 下列各项中，关于交易性金融资产的会计处理表述正确的有（　　）。
   A. 持有期间发生的公允价值变动计入公允价值变动损益
   B. 持有期间被投资单位宣告发放的现金股利计入投资收益
   C. 取得时支付的价款中包含的应收股利计入初始成本
   D. 取得时支付的相关交易费用计入投资收益

3. 关于交易性金融资产的下列业务，应通过"投资收益"科目核算的是（　　）。
   A. 持有期间被投资单位宣告分派的现金股利
   B. 资产负债表日发生的公允价值变动
   C. 取得时支付的交易费用
   D. 出售时公允价值与其账面余额的差额

4. 根据企业会计准则的规定，下列项目中属于投资性房地产的有（　　）。
   A. 已出租的土地使用权　　　　　　B. 已出租的建筑物
   C. 持有并准备增值后转让的土地使用权　　D. 持有并准备增值后转让的建筑物

5. 下列各项业务中，发生时影响当期损益的是（　　）。
   A. 计提投资性房地产累计折旧　　　B. 计提投资性房地产减值准备
   C. 确认投资性房地产租金收入　　　D. 成本模式下自有房地产转换为投资性房地产

三、判断题

1. 企业为取得交易性金融资产发生的交易费用应计入交易性金融资产初始确认金额。
   （　　）
2. 交易性金融资产持有期间，收到投资前被投资单位已宣告但尚未发放的现金股利时，应确认投资收益。（　　）
3. 持有交易性金融资产期间被投资单位宣告发放的现金股利，投资企业应确认投资收益。（　　）
4. 以成本模式计量的投资性房地产每期确认租金收入时，贷记"投资收益"科目。
   （　　）
5. 处置采用成本模式计量的投资性房地产时，处置损益计入营业外收入或营业外支出。
   （　　）

四、业务操作题

1. A上市公司2021年有关经济业务发生如下：
   （1）1月5日，委托证券公司从股票交易所购入B上市公司股票100000股，每股购买价款为11.4元（其中包含已宣告但尚未发放的现金股利0.4元/股）。另支付相关交易费用60000元，取得的增值税专用发票上注明的增值税税额为3600元。A公司将其划分为交易性金融资产。

(2) 3月10日，A公司收到B公司向其发放的现金股利40000元，款项已存入银行。

(3) 6月30日，A公司持有的B公司股票每股价格为12元。

(4) 8月10日，B公司宣告发放现金股利，每股0.6元。A公司于8月31日收到现金股利。

(5) 10月10日，A公司将持有的B公司股票全部出售，售价为13.4元。（转让金融商品增值税税率为6%）

要求：根据以上业务资料编制交易性金融资产的相关业务分录。

2. 甲公司将所持有的原作为固定资产核算的写字楼经营租赁给乙公司，租赁期为1年，年不含税租金为300万元、增值税税额27万元，租金于年末结清。租赁期开始日为2021年1月1日。该写字楼的原造价为3000万元，使用寿命30年，采用年限平均法计提折旧，预计净残值为零，每年计提折旧100万元，已使用10年，出租后折旧方法、使用寿命、预计净残值均未发生变化。甲公司对投资性房地产采用成本模式进行后续计量。2021年12月15日，甲公司与丙公司签订房屋转让合同，约定该写字楼租赁到期时转让给丙公司，不含税售价为2500万元。

已知：出租不动产、转让不动产适用的增值税税率为9%。

要求：根据以上业务资料编制租赁开始日、年末收到租金收入、年末计提折旧、出售投资性房地产的相关分录。

模块五
职工薪酬核算岗位业务

岗位职责

- 熟悉国家有关职工薪酬的政策规定。
- 负责确认、计提职工薪酬。
- 负责核算职工薪酬，填制记账凭证。
- 负责编制工资结算汇总表、工资费用分配表等相关原始单据。
- 负责开设并登记应付职工薪酬明细账。
- 负责月末将应付职工薪酬明细账与总账核对，做到账账相符。

知识目标

- 掌握和理解职工薪酬的含义、内容。
- 理解职工薪酬的核算范围。
- 掌握短期薪酬的确认、计量与核算，填制相关记账凭证。
- 掌握离职后福利的确认、计量与核算，填制相关记账凭证。
- 掌握辞退福利的确认、计量与核算，填制相关记账凭证。
- 掌握非货币性职工薪酬的确认、计量与核算，填制相关记账凭证。
- 掌握工资结算汇总表、工资费用分配表等相关原始单据的设置内容与填制方法。
- 掌握应付职工薪酬明细账的登记方法。
- 掌握月末应付职工薪酬明细账与总账核对的方法。

能力目标

- 能够合理设置和填写工资结算汇总表、工资费用分配表等职工薪酬相关原始单据。
- 能够确认、计量与核算短期薪酬，填制相关记账凭证。
- 能够确认、计量与核算离职后福利，填制相关记账凭证。
- 能够确认、计量与核算辞退福利，填制相关记账凭证。
- 能够熟练登记应付职工薪酬明细账。
- 能够将应付职工薪酬明细账与总账核对，做到账账相符。

素质目标

- 培养学生"君子爱财，取之有道；贞妇爱色，纳之以礼"的高尚品德。
- 培养学生依法进行个人所得税纳税申报和汇算清缴即"依法纳税"的意识。

任务1　货币性职工薪酬业务处理

任务清单5-1　核算工资、国家规定计提标准的职工薪酬

项目名称	任务清单内容
任务导入	2021年11月，宜诚公司应付工资总额693000元，其中企业代扣职工房租32000元、代垫职工家属医药费8000元，代扣由个人承担的医疗保险费、住房公积金和个人所得税等明细如表5-1所示。根据相关规定，计提医疗保险、住房公积金、工会经费和职工教育经费，具体如表5-2所示
任务目标	掌握职工薪酬业务流程，能够处理短期薪酬业务，包括工资和福利费的计提和支付，医疗保险、住房公积金、工会经费和职工教育经费等的计提和缴纳
任务要求	根据任务导入，综合运用资源，完成以下任务。 （1）阐述职工薪酬的内容； （2）描述职工薪酬业务处理的流程； （3）完成宜诚公司短期薪酬相关业务的会计处理
任务实施	1. 职工薪酬的内容 2. 职工薪酬业务处理的流程 3. 宜诚公司短期薪酬相关业务的会计处理 （1）计提工资： （2）通过银行发放工资： （3）代扣款项： （4）计提医疗保险、住房公积金、工会经费和职工教育经费：
任务总结	通过完成上述任务，你学到了哪些知识或技能？
实施人员	
任务点评	

表5-1　工资费用分配汇总表　　　　　　　　　　　　　　　　单位：元

部门	薪级工资	岗位工资	奖金	津贴和补贴	应付工资	应扣工资	代扣款项			实发工资
							医疗保险	住房公积金	个税	
车间工人	200000	140000	100000	80000	488000	32000	10400	41600	200	403800
车间管理	50000	48000	5000	2000	97000	8000	2100	8400	100	78400
厂部管理	40000	40000	10000	600	90600		1812	7248	50	81490
销售人员	5000	4000	5000	3400	17400		348	1392		15660
合计	295000	232000	120000	86000	693000	40000	14660	58640	350	579350

表5-2　工资相关费用计提表　　　　　　　　　　　　　　　　单位：元

部门	应付工资总额	医疗保险（10%）	住房公积金（8%）	工会经费（2%）	职工教育经费（1.5%）	合计
车间工人	488000	48800	39040	9760	7320	104920
车间管理	97000	9700	7760	1940	1455	20855
厂部管理	90600	9060	7248	1812	1359	19479
销售人员	17400	1740	1392	348	261	3741
合计	693000	69300	55440	13860	10395	148995

任务清单5-2　核算职工福利费及短期带薪缺勤

项目名称	任务清单内容
任务导入	假设宜诚公司2021年12月发生如下业务。 （1）下设一所职工食堂，每月根据在岗职工数量及岗位分布情况、相关历史经验数据等计算需要补贴食堂的金额，从而确定企业每期因补贴职工食堂需要承担的福利费用金额。2021年12月，其一分公司在岗职工共计200人，其中管理部门30人，生产车间生产人员170人，历史经验数据表明，该分公司每个职工每月需补贴食堂150元，当月支付30000元补贴给食堂。 （2）公司共有2000名职工，从2020年1月1日起，该公司实行累积带薪制度。该制度规定，每个职工每年可享受5个工作日带薪休假。未使用的年休假只能向后结转一个公历年度，超过1年未使用的权利作废，职工在离开企业时也无权获得现金支付；职工休年假时，首先使用当年可享受的权利，不足部分再从上年结转的带薪年休假中扣除。 2021年12月31日，宜诚公司预计2022年有1900名职工将享受不超过5天的带薪年休假，剩余100名职工每人将平均享受6天半年休假，假定这100名职工全部为总部各部门经理，该企业平均每名职工每个工作日工资为300元。不考虑其他相关因素
任务目标	掌握职工福利费、短期带薪缺勤、国家规定计提标准的职工薪酬等职工薪酬相关业务的账务处理
任务要求	根据任务导入，综合运用资源，完成以下任务。 （1）学会职工福利费业务的账务处理； （2）学会短期带薪缺勤业务的账务处理
任务实施	1. 编制计提职工福利费的会计分录 2. 编制支付补贴给食堂的会计分录 3. 预计由于职工累积未使用的带薪年休假权利而导致的预期支付的金额，并编写相关会计分录
任务总结	通过完成上述任务，你学到了哪些知识或技能？
实施人员	
任务点评	

> **岗位知识**

短期薪酬是指企业在职工提供相关服务的年度报告期间结束后12个月内需要全部予以支付的职工薪酬，因解除与职工的劳动关系给予的补偿除外。

一、短期职工薪酬的账务处理

企业应设置"应付职工薪酬"科目，核算应付职工薪酬的计提、结算、使用等情况。该科目的贷方登记已分配计入有关成本费用项目的职工薪酬，借方登记实际发放的职工薪酬，包括扣还的款项等；期末贷方余额反映企业应付未付的职工薪酬。

"应付职工薪酬"科目应按照"工资""职工福利费""非货币性福利""社会保险费""住房公积金""工会经费""职工教育经费""带薪缺勤""利润分享计划""设定提存计划""设定受益计划""辞退福利"等职工薪酬项目设置明细账进行明细核算。

企业应当在职工为其提供服务的会计期间，将实际发生的短期薪酬确认为负债，并计入当期损益，其他会计准则要求或允许计入资产成本的除外。

（一）货币性职工薪酬

1. 工资、奖金、津贴和补贴

对于职工工资、奖金、津贴和补贴等货币性职工薪酬，企业应当在职工为其提供服务的会计期间，将实际发生的职工工资、奖金、津贴和补贴等，根据职工提供服务的受益对象，将应确认的职工薪酬，借记"生产成本""制造费用""合同履约成本""管理费用""销售费用"等科目，贷记"应付职工薪酬——工资"科目。

2. 职工福利费

对于职工福利费，企业应当在实际发生时根据实际发生额计入当期损益或相关资产成本。

3. 国家规定计提标准的职工薪酬

对于国家规定了计提基础和计提比例的医疗保险费、工伤保险费、生育保险费等社会保险费和住房公积金，以及按规定提取的工会经费和职工教育经费，企业应当在职工为其提供服务的会计期间，根据规定的计提基础和计提比例计算确定相应的职工薪酬金额，并确认相关负债，按照受益对象计入当期损益或相关资产成本。

4. 短期带薪缺勤

对于职工带薪缺勤，企业应当根据其性质及职工享有的权利，分为累积带薪缺勤和非累积带薪缺勤两类。

（1）累积带薪缺勤是指带薪权利可结转下期的带薪缺勤，本期尚未用完的带薪缺勤权利可以在未来期间使用。企业应当在职工提供了服务从而增加了其未来享有的带薪缺勤权利时,确认与累积带薪缺勤相关的职工薪酬,并以累积未行使权利而增加的预期支付金额计量。

(2)非累积带薪缺勤是指带薪权利不能结转下期的带薪缺勤,本期尚未用完的带薪缺勤权利将予以取消,并且职工离开企业时也无权获得现金支付。我国企业职工休婚假、产假、丧假、探亲假、病假期间的工资通常属于非累积带薪缺勤。由于职工提供服务本身不能增加其能够享受的福利金额,企业在职工未缺勤时不应当计提相关费用和负债。为此,企业应当在职工实际发生缺勤的会计期间确认与非累积带薪缺勤相关的职工薪酬。

> **点睛** 企业确认职工享有的与非累积带薪缺勤权利相关的薪酬,视同职工出勤确认的当期损益或相关资产成本。通常情况下,与非累积带薪缺勤相关的职工薪酬已经包括在企业每期向职工发放的工资等薪酬中,因此,不必额外作相应的账务处理。

(二)非货币性职工薪酬

企业以其自产产品作为非货币性福利发放给职工的,应当根据受益对象,按照该产品的含税公允价值计入相关资产成本或当期损益,同时确认应付职工薪酬。

将企业拥有的房屋等资产无偿提供给职工使用的,应当根据受益对象,将该住房每期应计提的折旧计入相关资产成本或当期损益,同时确认应付职工薪酬。

租赁住房等资产供职工无偿使用的,应当根据受益对象,将每期应付的租金计入相关资产成本或当期损益,并确认应付职工薪酬。

难以认定受益对象的非货币性福利,直接计入当期损益和应付职工薪酬。

二、长期职工薪酬的账务处理

(一)离职后福利

对于设定提存计划,企业应当根据在资产负债表日为换取职工在会计期间提供的服务而应向单独主体缴存的提存金,确认为应付职工薪酬,并计入当期损益或相关资产成本。借记"生产成本""制造费用""管理费用""销售费用"等科目,贷记"应付职工薪酬-设定提存计划"科目。

(二)辞退福利

企业向职工提供辞退福利的,应当在"企业不能单方面撤回因解除劳动关系或裁减所提供的辞退福利时"和"企业确认涉及支付辞退福利的重组相关的成本或费用时"两者孰早时,确认辞退福利产生的职工薪酬负债,并计入当期损益,借记"管理费用"科目,贷记"应付职工薪酬——辞退福利"科目。

（三）其他长期职工福利

企业向职工提供的其他长期职工福利，符合设定提存计划条件的，应当按照设定提存计划的有关规定进行会计处理；符合设定受益计划条件的，应当按照设定受益计划的有关规定进行会计处理。

长期残疾福利水平取决于职工提供服务期间长短的，企业应在职工提供服务的期间确认应付长期残疾福利义务，计量时应当考虑长期残疾福利支付的可能性和预期支付的期限；与职工提供服务期间长短无关的，企业应当在导致职工长期残疾的事件发生的当期确认应付长期残疾福利。

知识链接

知识锦囊

知识锦囊

拓展提升

假设宜诚公司根据所在地政府规定，按照职工工资总额的12%计提基本养老保险费，缴存当地社会保险经办机构。2021年12月，公司缴存的基本养老保险费，应计入生产成本的金额为86000元，应计入制造费用的金额为46000元，应计入管理费用的金额为660000元，应计入销售费用的金额为56000元。

要求：根据上述业务编制相关的会计分录。

任务解析

任务2　非货币性职工薪酬业务处理

任务清单5-3　核算非货币性职工薪酬

项目名称	任务清单内容
任务导入	假设宜诚公司发生如下业务。 （1）公司为家电生产企业，共有职工200名，其中170名为直接参加生产的职工，30名为总部管理人员。2021年11月，公司以其生产的每台成本为900元的电暖器作为春节福利发放给公司每名职工。该型号的电暖器不含增值税的市场售价为每台1000元，公司适用的增值税税率为13%。 （2）2021年11月，公司为总部各部门经理级别以上职工提供汽车免费使用，同时为副总裁以上高级管理人员每人租赁一套住房。公司总部共有部门经理以上职工20名，每人提供一辆捷达轿车免费使用，假定每辆捷达轿车每月计提折旧1000元；该公司共有副总裁以上高级管理人员5名，公司为其每人租赁一套面积为200m^2的公寓，月租金为每套8000元（含税）。 （3）公司向职工发放电暖器作为福利，应确认主营业务收入，同时根据现行增值税制度规定，计算增值税销项税额
任务目标	掌握企业以其自产产品作为非货币性福利发放给职工的业务处理，掌握将企业拥有的房屋或租赁住房等资产无偿提供给职工使用的业务处理
任务要求	根据任务导入，综合运用资源，完成以下任务。 （1）学会企业以其自产产品作为非货币性福利发放给职工的业务处理； （2）学会将企业拥有或租赁的房屋等资产无偿提供给职工使用的业务处理
任务实施	1. 编写将电暖器作为春节福利发放给公司职工的会计分录 2. 编写确认提供汽车的非货币性福利的会计分录 3. 编写确认为职工租赁住房的非货币性福利的会计分录 4. 编写向职工发放电暖器确认收入和结转成本的会计分录 5. 编写每月支付副总裁以上高级管理人员住房租金时的会计分录
任务总结	通过完成上述任务，你学到了哪些知识或技能？
实施人员	
任务点评	

技能窗 应付职工薪酬的账务处理如表5-3所示。

表5-3 应付职工薪酬的账务处理

项目	知识点	账务处理
货币性职工薪酬	1. 工资、奖金、津贴和补贴：应在职工为其提供服务的会计期间，根据职工提供服务的受益对象进行确认	借：生产成本/制造费用/劳务成本/管理费用/销售费用/在建工程等 贷：应付职工薪酬——工资、奖金、津贴和补贴 实际发放时： 借：应付职工薪酬（应发数） 贷：银行存款/库存现金（实发数） 　　其他应收款（应扣还的代垫家属医药费等） 　　其他应付款（职工个人负担的社会保险费、公积金等） 　　应交税费——应交个人所得税
	2. 职工福利费	借：生产成本/制造费用/劳务成本/管理费用/销售费用/在建工程等 贷：应付职工薪酬——职工福利费 借：应付职工薪酬——职工福利费 贷：银行存款/库存现金
	3. 国家规定计提标准的职工薪酬	借：生产成本/制造费用/劳务成本/管理费用/销售费用/在建工程等 贷：应付职工薪酬 借：应付职工薪酬 贷：银行存款/库存现金
	4. 短期带薪缺勤——累计带薪缺勤	借：管理费用 贷：应付职工薪酬—带薪缺勤——短期带薪缺勤——累积带薪缺勤
非货币性职工薪酬	1. 以自产产品作为非货币性福利	借：生产成本/制造费用/劳务成本/管理费用/销售费用等 贷：应付职工薪酬——非货币性福利 借：应付职工薪酬——非货币性福利 贷：主营业务收入 　　应交税费——应交增值税（销项税额） 借：主营业务成本 贷：库存商品
	2. 将自有房屋或租入的房屋等资产无偿提供给职工使用	借：生产成本/制造费用/劳务成本/管理费用/销售费用等 贷：应付职工薪酬——非货币性福利 借：应付职工薪酬——非货币性福利 贷：累计折旧（自有房屋的折旧） 　　银行存款（租入房屋的租金）
	3. 特殊情形	难以认定受益对象的非货币性福利，直接计入当期损益和应付职工薪酬

续表

项目	知识点	账务处理
设定提存计划	企业应当根据在资产负债表日为换取职工在会计期间提供的服务而应向单独主体缴存的提存金确认	借：生产成本/制造费用/劳务成本/管理费用/销售费用等 贷：应付职工薪酬——设定提存计划

知识链接

知识锦囊

知识测试与能力训练

一、单项选择题

1. 某企业以现金支付行政人员生活困难补助2000元,下列各项中,会计处理正确的是（ ）。

    A. 借：其他业务成本　　　　2000
       贷：库存现金　　　　　　2000
    B. 借：营业外支出　　　　　2000
       贷：库存现金　　　　　　2000
    C. 借：管理费用　　　　　　2000
       贷：库存现金　　　　　　2000
    D. 借：应付职工薪酬——职工福利费　2000
       贷：库存现金　　　　　　2000

2. 某纺织企业为增值税一般纳税人,适用的增值税税率为13%。该企业以其生产的服装作为福利发放给100名生产车间管理人员,每人一套,每套服装不含税售价为350元,成本为280元。不考虑其他因素,下列各项中,该企业关于非货币性福利的会计处理结果正确的是（ ）。

    A. 确认管理费用40600元
    B. 确认应付职工薪酬40600元
    C. 确认主营业务收入40600元
    D. 确认增值税销项税额3640元

3. 某企业为增值税一般纳税人。2021年12月25日,向职工发放一批自产的空气净化器作为福利,该批产品售价为10万元,生产成本为7.5万元,按计税价格计算的增值税销项税额为1.3万元。不考虑其他因素,该笔业务应确认的应付职工薪酬为（ ）万元。

    A. 7.5　　　　　　　　　　B. 11.3
    C. 10　　　　　　　　　　　D. 9.1

4. 下列各项中,不属于企业职工薪酬组成内容的是（ ）。

    A. 为鼓励职工自愿接受裁减而给予职工的补偿
    B. 根据设定的提存计划应向单独主体缴存的提存金
    C. 按国家规定标准提取的职工教育经费
    D. 为职工代扣代缴的个人所得税

5. 企业将自有房屋无偿提供给本企业行政管理人员使用,下列各项中,关于计提房屋折旧的会计处理表述正确的是（　　）。
   A. 借记"其他业务成本"科目,贷记"累计折旧"科目
   B. 借记"其他应收款"科目,贷记"累计折旧"科目
   C. 借记"营业外支出"科目,贷记"累计折旧"科目
   D. 借记"管理费用"科目,贷记"应付职工薪酬"科目,同时借记"应付职工薪酬"科目,贷记"累计折旧"科目。

二、多项选择题

1. 下列各项中,属于"应付职工薪酬"科目核算内容的有（　　）。
   A. 正式任命并聘请的独立董事津贴　　B. 已订立劳动合同的全职职工的奖金
   C. 已订立劳动合同的临时职工的工资　　D. 向住房公积金管理机构缴存的住房公积金

2. 下列各项中,应通过"应付职工薪酬"科目核算的有（　　）。
   A. 提取的工会经费　　B. 计提的职工住房公积金
   C. 计提的职工医疗保险费　　D. 确认的职工短期带薪缺勤

3. 企业将自有房屋无偿提供给本企业行政管理人员使用,下列各项中,关于计提房屋折旧的会计处理表述不正确的是（　　）。
   A. 借：其他业务成本
      贷：累计折旧
   B. 借：其他应收款
      贷：累计折旧
   C. 借：营业外支出
      贷：累计折旧
   D. 借：管理费用
      贷：累计折旧

4. 企业为行政管理人员租赁公寓,应编制的会计分录正确的有（　　）。
   A. 借：管理费用
      贷：其他应付款
   B. 借：管理费用
      贷：应付职工薪酬
   C. 借：应付职工薪酬
      贷：银行存款
   D. 借：管理费用
      贷：银行存款

5. 下列各项中，属于短期职工薪酬的有（   ）。
   A. 支付给职工的生活困难补助　　　B. 用于开展职工教育及职工技能培训的支出
   C. 支付给职工离职后的福利　　　　D. 支付给职工的工资和津贴

三、判断题

1. 企业应在职工发生实际缺勤的会计期间确认与非累积带薪缺勤相关的应付职工薪酬。
（   ）
2. 企业在职工提供了服务从而增加了其未来享有的带薪缺勤权利时，确认与非累积带薪缺勤相关的职工薪酬。（   ）
3. 企业提前解除劳动合同给予职工解除劳动关系的补偿，应通过"应付职工薪酬——辞退福利"科目核算。（   ）
4. 企业将自产的产品作为福利发放给本单位职工，应当根据产品的公允价值加增值税销项税额作为应付职工薪酬核算。（   ）
5. 累积带薪缺勤应当在职工提供了服务从而增加了其未来享有的带薪缺勤权利时，确认与累积带薪缺勤相关的职工薪酬，并以累积未行使权利而增加的预期支付金额计量。
（   ）

四、不定项选择题

预发公司为增值税一般纳税人，适用的增值税税率为13%。2021年12月1日"应付职工薪酬"科目的贷方余额为258万元（其中工资122万元、工会经费2.5万元、职工教育经费12万元、设定提存计划121.5万元）。该公司12月份发生的有关职工薪酬业务如下。

（1）12月5日，以银行存款转账方式支付上月工资120万元（已扣除代扣代缴个人所得税2万元）、工会经费2.5万元及会计继续教育培训费1.5万元。

（2）12月10日，预发公司购入2辆小汽车，购买价款合计为120万元，增值税税额为15.6万元，支付的相关税费为12万元，以上款项提供银行转账方式支付。预发公司购入的2辆小汽车供总裁及财务总监免费使用。

（3）12月15日，以现金为职工家属代垫医药费1.2万元。

（4）12月22日，外购一批商品，取得增值税专用发票注明的价款为10万元，增值税税额为1.3万元，预发公司以银行承兑汇票支付上述款项。该批商品用于发放给生产车间工人作为元旦福利，产品已发放。

（5）12月31日，本月各部门工资总额为117.6万元，明细如下：生产车间35.2万元；车间管理部门10.8万元；行政管理部门23.8万元；销售部门17.3万元；研发部门30.5万元。预发公司按工资总额的8%计提职工教育经费。

要求：根据上述资料，假定不考虑其他因素，分析回答下列问题。（答案中的金额单位用

万元表示）

1. 根据资料（1），下列会计处理不正确的是（　　）。

   A. 借：应付职工薪酬——工资　　　　　122
      　　贷：银行存款　　　　　　　　　120
      　　　　应交税费——应交个人所得税　2

   B. 借：应付职工薪酬——工会经费　　　2.5
      　　贷：银行存款　　　　　　　　　2.5

   C. 借：应付职工薪酬——职工教育经费　1.5
      　　贷：银行存款　　　　　　　　　1.5

   D. 借：管理费用　　　　　　　　　　　1.5
      　　贷：应付职工薪酬——职工教育经费　1.5

2. 根据资料（1）~（5），下列各项中属于职工薪酬的是（　　）。

   A. 代职工家属垫付医药费　　　　B. 外购商品用于职工福利
   C. 将资产无偿提供管理人员使用　D. 计提职工教育经费

3. 根据资料（4），下列会计处理正确的是（　　）。

   A. 借：应付职工薪酬——非货币性福利　11.3
      　　贷：库存商品　　　　　　　　　11.3

   B. 借：生产成本　　　　　　　　　　　11.3
      　　贷：应付职工薪酬——非货币性福利　11.3

   C. 借：管理费用　　　　　　　　　　　11.3
      　　贷：应付职工薪酬——非货币性福利　11.3

   D. 借：应付职工薪酬——非货币性福利　11.3
      　　贷：银行存款　　　　　　　　　11.3

4. 预发公司12月31日"应付职工薪酬"科目的贷方余额为（　　）万元。

   A. 259.01　　　　　　　　　　B. 262.83
   C. 279.60　　　　　　　　　　D. 253.78

5. 下列各项中，关于"职工薪酬"的表述正确的是（　　）。

   A. 企业支付的工资、职工福利费及社会保险费属于短期薪酬
   B. 企业计提的设定受益计划属于离职后福利
   C. 企业以外购商品作为职工福利的，应当以外购商品的实际成本与增值税进行税额之和作为应付职工薪酬的确认金额
   D. 企业将自有资产无偿提供给企业职工使用属于非货币性职工薪酬

五、业务操作题

甲上市公司为增值税一般纳税人，适用的增值税税率为13%。2022年3月发生与职工薪酬有关的交易或事项如下。

（1）对行政管理部门使用的设备进行日常维修，应付企业内部维修人员工资1.2万元。

（2）对以经营租赁方式租入的生产线进行改良，应付企业内部改良工程人员工资3万元。

（3）为公司总部下属25位部门经理每人配备一辆汽车免费使用，假定每辆汽车每月计提折旧0.08万元。

（4）将50台自产的V型厨房清洁器作为福利分配给本公司行政管理人员。该厨房清洁器每台生产成本为1.2万元，市场售价为1.5万元（不含增值税）。

（5）月末，分配职工工资150万元，其中直接生产产品人员工资105万元，车间管理人员工资15万元，企业行政管理人员工资20万元，专设销售机构人员工资10万元。

（6）以银行存款缴纳职工医疗保险费5万元。

（7）按规定计算代扣代缴职工个人所得税0.8万元。

（8）以现金支付职工李某生活困难补助0.1万元。

（9）从应付张经理的工资中，扣回上月代垫的应由其本人负担的医疗费0.8万元。

要求：编制甲上市公司2022年3月上述交易或事项的会计分录。（"应交税费"科目要求写出明细科目和专栏名称，答案中的金额单位用万元表示）。

模块六
借款核算岗位业务

岗位职责

- 协助财务经理编制资金管理制度,控制现金流量,支持企业经营决策。
- 协助财务经理制订资金筹集和支出计划,并根据企业资金需要,协助筹集资金。
- 合理安排资金支出计划,并对资金的运用情况进行监督、审查。
- 负责企业筹集资金清算工作,及时完成内部拨入、拨出项款的对账工作。
- 负责企业筹资业务的相关事项,审核内部借款利息的计提与分割。
- 办理银行贷款与还贷的各种手续,保证资金及时到位,维护企业信用。
- 及时传递开户银行与企业往来业务材料,并协调与各银行的关系,争取银行的各种优惠政策。
- 按时完成财务经理交办的其他相关工作。

知识目标

- 掌握借款业务的核算范围。
- 掌握长、短期借款和应付债券的核算方法。

能力目标

- 能够办理借款、计息及偿还借款业务。
- 能够准确填制借款业务相关的记账凭证。
- 能够准确填制与发行债券相关的记账凭证。

素质目标

- 树立权利与责任意识。
- 培养学生健康的筹资观念。

模块六 借款核算岗位业务

任务1 短期借款业务处理

任务清单6-1 短期借款业务处理

项目名称	任务清单内容
任务导入	宜诚公司于2021年1月1日因经营周转需要，向银行借入款项500000元，期限为6个月，年利率4.8%，借款合同约定按季度支付利息
任务目标	认知短期借款业务流程，能够对短期借款的借入和偿还、利息的支付业务进行会计处理
任务要求	根据任务导入，综合运用资源，完成以下任务。 （1）阐述短期借款的借入和偿还流程； （2）对宜诚公司的短期借款业务进行相关会计处理
任务实施	1. 短期借款的借入和偿还流程 2. 对宜诚公司的短期借款业务进行相关会计处理 （1）编制宜诚公司2021年1月1日借入款项的会计分录： （2）编制宜诚公司2021年1月末、2月末计提利息费用的分录： 宜诚公司每月应计提的利息金额＝ （3）编制宜诚公司2021年3月末支付利息的分录： （4）编制宜诚公司2021年7月1日偿还借款本金的分录：
任务总结	通过完成上述任务，你学到了哪些知识或技能？
实施人员	
任务点评	

> **岗位知识**

一、认知短期借款

短期借款是指企业向银行或其他金融机构借入的、偿还期在1年以内（含1年）的各种款项。企业借入短期借款主要是为了抵偿某项债务或满足正常的生产经营活动需要，形式主要有流动资金借款、临时借款、结算借款等。

> **点睛** 短期借款金额小，时间短，利息低，但对企业资产的流动性要求较高。

二、短期借款的账务处理

企业短期借款的账务处理包括借入短期借款、短期借款利息核算和偿还短期借款。

（一）借入短期借款

企业从银行或其他金融机构取得短期借款时，计入"短期借款"科目。企业设置"短期借款"科目来核算短期借款的取得与偿还情况。该科目的贷方登记取得的借款本金金额，借方登记偿还借款的本金数额，余额在贷方，表示企业尚未偿还的短期借款本金数额。本科目可按债权人的名称、借款种类和币种设置明细科目进行明细核算。

（二）短期借款利息核算

作为使用短期借款的成本，企业应当支付利息。在实际工作中，如果利息是按月支付，或者借款到期时一次性支付，且数额不大的可以在实际支付或者收到银行的计息通知时，将利息费用直接计入当期损益，借记"财务费用"科目，贷记"银行存款"科目。如果于每季度末或按期支付短期借款利息，或者在借款到期时一次性支付且利息金额较大的，企业应采用月末预提的方式对借款利息进行核算，借记"财务费用"科目，贷记"应付利息"科目；在实际支付利息时借记"应付利息"科目，贷记"银行存款"科目。

（三）偿还短期借款

企业应及时偿还到期的短期借款，偿还短期借款本金时，应借记"短期借款"科目，贷记"银行存款"科目。如果在借款到期时一次性还本付息，应将归还的利息通过"应付利息"或者"财务费用"科目核算。

技能窗 企业短期借款的主要账务处理如表6-1所示。

表6-1 短期借款的账务处理

业务	账务处理
取得借款	借：银行存款 贷：短期借款
利息处理	借：财务费用 贷：银行存款（按月付息） 　　应付利息（按月计提，定期付息）
到期偿还	借：短期借款 贷：银行存款

知识链接

知识锦囊

拓展提升

宜诚公司于2021年1月1日向银行借入款项500000元，期限为5个月，年利率4.8%。按月计提利息费用，按季度支付利息。

要求：编制该公司6月1日偿还本金，并支付已计提但尚未支付的利息的会计分录。

任务解析

任务2　长期借款业务处理

任务清单6-2　长期借款业务处理

项目名称	任务清单内容
任务导入	为建造厂房，宜诚公司于2021年11月30日从银行借入资金5000000元，借款期限为3年，年利率为7.2%（到期一次还本付息，不计复利）。所借款项已存入银行，并于当日全部投入厂房建设中，该厂房于2022年底建设完毕
任务目标	认知长期借款业务流程，能够对长期借款的借入和偿还、利息的支付业务进行会计处理
任务要求	根据任务导入，综合运用资源，完成以下任务。 （1）阐述长期借款的借入和偿还流程； （2）对宜诚公司的长期借款业务进行相关会计处理
任务实施	1. 长期借款的借入和偿还流程 2. 对宜诚公司的长期借款业务进行相关会计处理 （1）编制宜诚公司2021年11月30日借入款项的会计分录： （2）编制宜诚公司2021年12月31日计提利息费用的分录： 宜诚公司每月应计提的利息金额＝ （3）编制宜诚公司2024年11月30日偿还长期借款并支付利息的分录：
任务总结	通过完成上述任务，你学到了哪些知识或技能？
实施人员	
任务点评	

一、认知长期借款

长期借款是指企业向银行或其他金融机构借入的,偿还期在1年以上(不含1年)的各种借款。企业借入长期借款一般是为扩大经营规模,用于固定资产购建、改扩建和大修理工程等方面,是企业非流动负债的重要组成部分,必须加强对其管理与核算工作。

长期借款按借款用途的不同可分为基本建设借款、技术改造借款和生产经营借款;按偿还方式的不同可分为定期一次性偿还的长期借款和分期偿还的长期借款;按付息方式与本金偿还方式的区别可分为分期付息到期还本长期借款、到期一次还本付息长期借款以及分期偿还本息的长期借款;按货币种类的不同可分为人民币长期借款和外币长期借款;按来源的不同可分为从银行借入的长期借款和从其他金融机构借入的长期借款等。

> **点睛** 长期借款筹资速度快,借款弹性大,成本相对较低,可以发挥财务杠杆作用,也有利于企业保守财务秘密,但筹资风险较大,资金使用限制较多,筹资数量有限。

二、长期借款的账务处理

长期借款的核算包括借入长期借款、长期借款利息核算、偿还长期借款等。

(一)借入长期借款

企业应设置"长期借款"科目,核算长期借款的借入与偿还情况。"长期借款"科目的贷方登记长期借款本息的增加额,借方登记长期借款本息的减少额,余额在贷方,表示企业尚未偿还的长期借款。本科目可按债权人的名称和借款种类设置明细科目进行明细核算。通过"本金"、"应计利息"和"利息调整"等进行明细核算。

企业从银行或其他金融机构取得长期借款时,按实际收到的金额,借记"银行存款"科目,贷记"长期借款——本金"科目,如果存在差额,借记"长期借款——利息调整"科目。

(二)长期借款利息核算

资产负债表日,企业应当用长期借款期初摊余成本和实际利率计算确定长期借款利息费用,如果实际利率与合同利率差异较小,也可以用合同利率确定利息费用。长期借款计算确定的利息费用,按照用途和期间分别借记"在建工程""财务费用""制造费用""研发支出"等科目,按借款本金和合同利率确定的应付未付的利息,属于分期付息的贷记"应付利息"科目，属于到期一次性还本付息的贷记"长期借款——应计利息"，如果有差额，贷记"长期借款——利息调整"科目。

（三）偿还长期借款

企业偿还长期借款时，按照偿还的长期借款本金，借记"长期借款——本金"科目，按偿还的利息，借记"应付利息"科目或"长期借款——应计利息"科目，按转销的利息调整金额，贷记"长期借款——利息调整"科目，按照实际偿还的款项，贷记"银行存款"科目。

技能窗 企业长期借款的主要账务处理如表6-2所示。

表6-2 长期借款的账务处理

业务	账务处理	
取得借款	借：银行存款 　　长期借款——利息调整 贷：长期借款——本金	
利息处理	借：财务费用、长期待摊费用、在建工程、研发支出等 贷：应付利息（分期付息，到期还本） 　　长期借款——应计利息（一次还本付息）	
到期偿还	一次还本付息	分次付息，到期还本
	借：长期借款——本金 　　　　　　——应计利息 贷：银行存款	借：长期借款——本金 　　财务费用等（最后一期利息费用） 贷：银行存款

知识链接

知识锦囊

140

拓展提升

为购置设备，宜诚公司于2021年11月30日从银行借入资金1000000元，借款期限为3年，年利率为7.2%（每季度末支付利息，不计复利）。所借款项已存入银行，并于当日完成设备购置。

要求：编制该公司11月30日、12月末的相关会计分录，并编制该公司2024年11月30日长期借款到期偿还的会计分录。

任务解析

任务3　应付债券业务处理

任务清单6-3　应付债券业务处理

项目名称	任务清单内容
任务导入	宜诚公司为筹集长期资金，经批准于2021年12月31日按面值发行2000000元3年期分次付息、一次还本的公司债券，票面利率为6%，付息期为每年的12月31日
任务目标	了解公开发行公司债券关于财务方面的法律规定，能够对债券的发行、利息处理、债券偿还业务进行会计处理
任务要求	根据任务导入，综合运用资源，完成以下任务。 （1）阐述关于公开发行公司债券关于财务方面的法律规定； （2）对宜诚公司的应付债券业务进行相关会计处理
任务实施	1. 公开发行公司债券关于财务方面的法律规定 2. 对宜诚公司的应付债券业务进行相关会计处理 （1）编制宜诚公司2021年12月31日发行债券的会计分录： （2）编制宜诚公司2022年12月31日计算利息、支付利息的分录： （3）编制宜诚公司2024年12月31日偿还债券本金并支付当年利息的分录：
任务总结	通过完成上述任务，你学到了哪些知识或技能？
实施人员	
任务点评	

岗位知识

一、认知应付债券

应付债券是指企业为筹集（长期）资金而发行的债券，是企业依照法定程序对外发行，约定在一定期限内还本付息的有价证券。公司债券的发行方式有按面值发行、溢价发行和折价发行三种方式。假设其他条件不变，债券的票面利率与同期银行存款利率相同时，可按其面值出售，称为按面值发行；如果债券的票面利率高于同期银行存款利率，可按高于票面价值的价格出售，即溢价发行；如果债券的票面利率低于同期银行存款利率，则按低于票面价值的价格出售，即折价发行。溢价或折价是发行企业对债券存续期内利息费用的一种调整。

二、应付债券的账务处理

应付债券的账务处理包括发行债券、应付债券利息处理、应付债偿还券等。

（一）发行债券

企业应设置"应付债券"科目，该科目贷方登记应付债券的本金与利息，借方登记偿还的债券本金与利息，期末贷方余额表示企业尚未偿还的长期债券。在该科目下通过"面值""利息调整"和"应计利息"等进行明细核算。

企业发行债券时，债券的发行费用计入应付债券的初始成本。无论是按面值发行，还是溢价或者折价发行，均按照实际收到的金额，借记"银行存款"等科目，按照债券面值，贷记"应付债券——面值"科目，差额借记或贷记"应付债券——利息调整"科目。

（二）应付债券利息处理

企业应按期计提应付债券的利息，按照应付债券期初摊余成本和实际利率计算确定利息费用，如果实际利率与票面利率差异较小，也可以用票面利率确定利息费用。计算确定的利息费用，按照用途和期间分别借记"在建工程""财务费用""制造费用""研发支出"等科目。按债券面值和票面利率计算确定的应付利息，属于到期一次性还本付息的贷记"应付债券——应计利息"科目，属于分期付息的贷记"应付利息"科目，利息费用和应付利息之间的差额，借记或贷记"应付债券——利息调整"科目。分期付息债券每期支付利息时借记"应付利息"科目，贷记"银行存款"科目。

（三）应付债券偿还

企业偿还一次还本付息债券，于到期日支付债券本息时，借记"应付债券——面值""应付债券——应计利息"科目，贷记"银行存款"科目。

偿还分期付息、到期一次还本方式的债券，到期偿还本金并支付最后一期利息时，借记"应付债券——面值""在建工程""财务费用""制造费用""研发支出"等科目，贷记"银行存款"科目，差额借记或贷记"应付债券——利息调整"科目。

技能窗 企业应付债券的主要账务处理如表6-3所示。

表6-3 应付债券的账务处理

业务	账务处理	
发行债券	借：银行存款 贷：应付债券——面值 　　应付债券——利息调整（可能在借方）	
利息处理	借：财务费用、在建工程、研发支出等 　　应付债券——利息调整（可能在贷方） 贷：应付利息（分期付息，到期还本） 　　应付债券——应计利息（一次还本付息）	
到期偿还	一次还本付息	分次付息，到期还本
	借：应付债券——面值 　　　　　　——应计利息 贷：银行存款	借：应付债券——面值 　　财务费用等（最后一期利息费用） 贷：银行存款

知识链接

知识锦囊

拓展提升

经批准，宜诚公司于2021年12月31日发行3年期一次还本、分次付息的公司债券面值总额1000000元，票面利率为5%，筹资用于生产经营，付息期为每年的12月31日。发行日市场利率为6%，发行价格为972650元。采用实际利率法摊销债券溢价。

任务解析

要求：填写债券溢价摊销表，并编制该公司2022年12月31日计算利息、摊销利息调整及支付利息的会计分录：

债券溢价摊销表

计息日期	①应付利息 =债券面值×5%	②利息费用 =期初债券摊余成本×6%	③利息调整摊销 =①−②	④债券摊余成本 =期初数−本期③
2021.12.31				
2022.12.31				
2023.12.31				
2024.12.31				

知识测试与能力训练

一、单项选择题

1. 某企业于2020年7月1日按面值发行5年期、到期一次还本付息的公司债券，该债券面值总额8000万元，票面年利率为4%，自发行日起计息。假定票面利率与实际利率一致，不考虑相关税费，2021年12月31日该应付债券的账面余额为（　　）万元。
   A. 8000　　　　　　　　　　　　　B. 8160
   C. 8320　　　　　　　　　　　　　D. 8480

2. 2021年7月1日，某企业向银行借入一笔经营周转资金100万元，期限6个月，到期一次还本付息，年利率为6%，借款利息按月预提，2021年11月30日该短期借款的账面价值为（　　）万元。
   A. 120.5　　　　　　　　　　　　 B. 102.5
   C. 100　　　　　　　　　　　　　 D. 102

3. 某公司2021年5月1日向银行借入资金60万元，期限6个月，年利率为6%，到期还本，按月计提利息，按季付息。该企业2021年5月31日应计提的利息为（　　）万元。
   A. 0.3　　　　　　　　　　　　　 B. 0.6
   C. 0.9　　　　　　　　　　　　　 D. 3.6

4. 2021年9月1日，某企业向银行借入一笔期限2个月，到期一次还本付息的生产经营周转借款200000元，年利息6%。借款利息不采用预提方式，于实际支付时确认。11月1日，企业以银行存款偿还借款本息的会计处理正确的是（　　）。
   A. 借：短期借款　　　　　　　　　200000
       应付利息　　　　　　　　　　2000
         贷：银行存款　　　　　　　　202000
   B. 借：短期借款　　　　　　　　　200000
       应付利息　　　　　　　　　　1000
       财务费用　　　　　　　　　　1000
         贷：银行存款　　　　　　　　202000
   C. 借：短期借款　　　　　　　　　200000
       财务费用　　　　　　　　　　2000
         贷：银行存款　　　　　　　　202000
   D. 借：短期借款　　　　　　　　　202000
         贷：银行存款　　　　　　　　202000

5. 企业筹建期间发生的长期借款利息支出不能资本化的部分应该计入（　　）。
   A. 财务费用　　　　　　　　　　　B. 营业外收入
   C. 管理费用　　　　　　　　　　　D. 在建工程

二、多项选择题

1. 下列各项中，关于长期借款利息费用会计处理表述正确的有（　　）。
   A. 筹建期间不符合资本化条件的借款利息费用计入管理费用
   B. 生产经营期间不符合资本化条件的借款利息计入财务费用
   C. 为购建固定资产发生的符合资本化条件的借款利息费用计入在建工程
   D. 为购建厂房发生的借款利息费用在所建厂房达到预定可使用状态后的部分计入管理费用

2. 企业确认长期借款的利息费用，可能计入的会计科目的有（　　）。
   A. 管理费用　　　　　　　　　　　B. 在建工程
   C. 研发支出　　　　　　　　　　　D. 财务费用

3. 关于应付债券，下列说法中正确的有（　　）。
   A. 应按期初摊余成本和实际利率计算确定应付债券的利息费用
   B. 应按期初摊余成本和合同约定的名义利率计算确定利息费用
   C. 企业发行债券所发生的交易费用，计入财务费用或在建工程
   D. 企业发行一般公司债券所发生的交易费用，计入应付债券初始确定金额

4. 关于一般公司债券发行的表述中，正确的有（　　）。
   A. 债券面值与实际收到的款项之间的差额，应计入"应付债券——应计利息"科目
   B. 溢价或折价是债券发行企业在债券存续期间内对利息费用的一种调整
   C. 溢价是企业以后各期多付利息而事先得到的补偿
   D. 折价是企业以后各期少付利息而预先给予投资者的补偿

5. 企业在筹建期间按面值发行债券，按期计提利息时，可能涉及的会计科目有（　　）。
   A. 财务费用　　　　　　　　　　　B. 在建工程
   C. 应付债券　　　　　　　　　　　D. 管理费用

三、判断题

1. 短期借款利息在预提或实际支付时均应通过"短期借款"科目核算。（　　）
2. 企业短期借款利息一定通过预提方式进行会计核算。（　　）
3. 短期借款利息是按期支付的，如按季度支付利息，或者利息是在借款到期时连同本金一期归还，即使数额较大的，企业也应该按期支付，不需要计提。（　　）
4. 当债券票面利率高于同期银行存款利率时，债券按折价发行。（　　）

5. 企业在计算长期借款利息时,应该按照实际利率确认应该支付的利息。　　　(　　)

四、业务操作题

1. A公司发生如下经济业务
   (1) 2021年1月1日,为建造一幢仓库从银行取得长期借款800万元,期限3年,合同年利率6%(合同利率等于实际利率),不计复利,每年末计提并支付利息一次,到期一次还本。
   (2) 2021年1月1日,开始建造仓库,2021年12月31日仓库工程完工并验收合格,达到预定可使用状态。假定未发生其他建造支出。

   要求:根据以上业务分别编制取得长期借款及2021年12月31日计提长期借款利息的会计分录。

2. B公司2021年12月31日发行面值为100万元,票面利率为10%的4年期公司债券,用于企业生产经营活动,每年12月31日支付债券利息。若发行当时的市场利率为12%,发行价格为939200元。

   要求:根据以上业务分别编制债券发行、债券利息费用处理及到期偿还债券的业务分录。

模块七
收入与税费核算岗位业务

岗位职责
- 负责确认、计量与核算各类收入。
- 负责确认、计量与核算管理费用、财务费用、销售费用等期间费用。
- 负责确认、计量与核算政府补助、递延所得税资产和递延所得税负债。
- 负责开设和登记主营业务收入、其他业务收入等明细账。
- 负责开设和登记主营业务成本、其他业务成本、营业外支出、期间费用等明细账。
- 负责月末将收入、成本、费用明细账分别与总账核对,做到账账相符。

知识目标
- 掌握收入确认和计量的基本步骤。
- 掌握一般商品销售收入、可变对价、在某一时段完成的商品销售收入的账务处理。
- 掌握管理费用、财务费用、销售费用的内容及核算。
- 掌握主营业务成本、其他业务成本、税金及附加的核算。

能力目标
- 能够识别和填制与收入、费用相关的原始单据。
- 能够准确填制收入、费用业务相关的记账凭证。
- 能够准确开设和登记收入、费用相关账簿。
- 能够准确核算收入和费用相关业务。

素质目标
- 培养遵守会计法律法规规定的职业操守。
- 培养学生及时关注会计准则、政策变化的敏锐性。

任务1　收入业务处理

任务清单7-1　收入业务处理

项目名称	任务清单内容
任务导入	宜诚公司为增值税一般纳税人，2021年12月发生如下业务。 （1）1日，向佳美公司销售一批商品，售价50000元，增值税税额6500元，开具了增值税专用发票，该批商品的实际成本为40000元。佳美公司当日收到商品验收入库并转账支付款项。 （2）3日，以委托收款方式向宏兴公司销售一批商品，售价40000元，增值税税额5200元，开具了增值税专用发票，并办妥托收手续，该批商品的实际成本为30000元。宏兴公司当日收到商品验收入库。 （3）5日，向爱嘉公司销售一批商品，售价60000元，增值税税额7800元，开具了增值税专用发票，收到爱嘉公司开出的不带息银行承兑汇票一张，票面金额67800元，该批商品的实际成本为50000元。爱嘉公司收到商品并验收入库。 （4）8日，以委托收款方式向致一公司销售一批商品，售价40000元，增值税税额5200元，开具了增值税专用发票，该批商品成本为30000元。宜诚公司销售时了解到致一公司资金周转发生暂时困难，但考虑为了减少存货积压，同时致一公司的资金周转困难只是暂时的，未来仍有可能收回货款，因此，仍将商品发出并办妥了托收手续。宜诚公司就销售该商品的纳税义务已经发生。 （5）10日，委托胜利公司销售甲商品1000件，协议价为300元/件，该商品成本为220元/件，宜诚公司按售价的10%支付胜利公司手续费。该批商品于当日发出（委托代销合同约定，除非这批商品在胜利公司存放期间由于其责任发生毁损或丢失，否则在商品对外销售之前，胜利公司无须向宜诚公司支付货款。胜利公司不承担包销责任，如果商品未全部售出，需将剩余商品退回，同时，宜诚公司也有权要求收回甲商品或者将其另售他人）。15日前胜利公司将该批商品按协议价全部销售完毕，并对外开具增值税专用发票，注明货款300000元，增值税税款39000元。宜诚公司收到代销清单、代销手续费增值税专用发票（增值税税率为6%）以及扣除代销手续费后的货款后，开具相应的增值税专用发票。 （6）16日，向美景公司销售一批多余原材料，售价10000元，增值税税额1300元，开具了增值税专用发票，该批材料的实际成本为9000元。美景公司收到原材料验收入库并转账支付款项。 （7）20日，本月1日销售给佳美公司的部分商品出现严重质量问题，佳美公司将该批商品的50%退回给宜诚公司，宜诚公司同意退货，按规定向佳美公司开具了红字增值税专用发票，并于退货当日支付退货款
任务目标	掌握收入确认和计量的基本步骤，能够对一般商品销售收入业务进行会计处理，掌握可变对价、在某一时段完成的商品销售收入的账务处理

续表

项目名称	任务清单内容
任务要求	根据任务导入，综合运用资源，完成以下任务。 （1）阐述收入确认和计量的基本步骤； （2）对宜诚公司12月的收入业务进行相关会计处理
任务实施	1. 收入确认和计量的基本步骤 2. 对宜诚公司12月的收入业务进行相关会计处理
任务总结	通过完成上述任务，你学到了哪些知识或技能？
实施人员	
任务点评	

岗位知识

一、收入的认知

收入是指企业在日常活动中形成的、会导致所有者权益增加的、与所有者投入资本无关的经济利益的总流入。按照企业经营业务的主次分类，可以分为主营业务收入和其他业务收入。

> **点睛** 收入准则适用于所有与客户之间的合同，但下列各项除外：长期股权投资、金融工具确认和计量、金融资产转移、套期会计、合并财务报表、合营安排、租赁、保险合同。

（一）收入确认的原则和前提条件

1. 收入确认的原则

企业应当在履行了合同中的履约义务，即在客户取得相关商品控制权时确认收入。

取得相关商品控制权，是指能够主导该商品的使用并从中获得几乎全部的经济利益，也包括有能力阻止其他方主导该商品的使用并从中获得经济利益。

2. 收入确认的前提条件

当企业与客户之间的合同同时满足下列条件时，企业应当在客户取得相关商品控制权时确认收入。

（1）合同各方已批准该合同并承诺将履行各自义务。

（2）该合同明确了合同各方与所转让商品或提供劳务（以下简称"转让商品"）相关的权利和义务。

（3）该合同有明确的与所转让商品相关的支付条款。

（4）该合同具有商业实质，即履行该合同将改变企业未来现金流量的风险、时间分布或金额。

（5）企业因向客户转让商品而有权取得的对价很可能收回。

在合同开始日即满足上述条件的合同，企业在后续期间无须对其进行重新评估，除非有迹象表明相关事实和情况发生重大变化。合同开始日通常是指合同生效日。在合同开始日不符合上述五个条件的合同，企业应当对其进行持续评估，并在其满足条件时确认收入。

> **点睛** 对于不能同时满足上述收入确认的五个条件的合同，企业只有在不再负有向客户转让商品的剩余义务（例如，合同已完成或取消），且已向客户收取的对价（包括全部或部分对价）无须退回时，才能将已收取的对价确认为收入；否则，应当将已收取的对价作为负债进行会计处理。

（二）收入确认与计量的基本步骤

1. 识别与客户订立的合同

客户是指与企业订立合同以向该企业购买其日常活动产出的商品或服务（以下简称"商品"）并支付对价的一方。合同是指双方或多方之间订立有法律约束力的权利义务的协议。合同有书面形式、口头形式以及其他形式。

2. 识别合同中的单项履约义务

履约义务是指合同中企业向客户转让可明确区分商品的承诺。履约义务既包括合同中明确的承诺，也包括由于企业已公开宣布的政策、特定声明或以往的习惯做法等导致合同订立时客户合理预期企业将履行的承诺。企业为履行合同而应开展的初始活动，通常不构成履约义务，除非该活动向客户转让了承诺的商品。

企业向客户转让一系列实质相同且转让模式相同的、可明确区分商品的承诺，应当作为单项履约义务。

满足下列条件之一的，属于在某一时段内履行履约义务；否则，属于在某一时点履行履约义务。

（1）客户在企业履约的同时即取得并消耗企业履约所带来的经济利益。

（2）客户能够控制企业履约过程中在建的商品。

（3）企业履约过程中所产出的商品具有不可替代的用途，且该企业在整个合同期间内有权就累计至今已完成的履约部分收取款项。

在合同开始日，企业应当对合同进行评估，识别该合同所包含的各单项履约义务，并确定各单项履约义务是在某一时段内履行，还是在某一时点履行，然后，在履行了各单项履约义务时分别确认收入。

3. 确定交易价格

交易价格是指企业因向客户转让商品而预期有权收取的对价金额，不包括企业代第三方收取的款项以及企业预期将退还给客户的款项。在确定交易价格时，企业应当考虑可变对价、合同中存在的重大融资成分、非现金对价、应付客户对价等因素的影响。

4. 将交易价格分摊至各单项履约义务

合同中包含两项或多项履约义务的，企业应当在合同开始日，按照各单项履约义务所承诺商品的单独售价的相对比例，将交易价格分摊至各单项履约义务。企业不得因合同开始日之后单独售价的变动而重新分摊交易价格。

5. 履行各单项履约义务时确认收入

履行相关履约义务后，企业应当按照分摊至各单项履约义务的交易价格计量收入。

【案例7-1】宜诚公司与客户签订合同，向其销售甲、乙两类商品，合同总价款为200000元。已知甲、乙两批商品单独售价分别为100000元和150000元，价款不含增值税，销售完成后，宜诚公司应分别确认甲、乙商品的销售收入为多少？

> **做中学·学中做**
>
> 宜诚公司应当按照甲、乙商品各单项履约义务所承诺的单独售价的相对比例进行分摊。
>
> 甲商品应当分摊的交易价格＝
>
> 乙商品应当分摊的交易价格＝

二、一般商品销售收入业务处理

（一）一般商品销售收入的确认

企业一般商品销售属于在某一时点履行的履约义务，对于在某一时点履行的履约义务，企业应当在客户取得相关商品控制权时点确认收入。在判断客户是否已取得商品控制权时，企业应当考虑下列迹象。

（1）企业就该商品享有现时收款权利，即客户就该商品负有现时付款义务。

（2）企业已将该商品的法定所有权转移给客户，即客户已拥有该商品的法定所有权。

（3）企业已将该商品实物转移给客户，即客户已实际占有该商品。

（4）企业已将该商品所有权上的主要风险和报酬转移给客户，即客户已取得该商品所有权上的主要风险和报酬。

（5）客户已接受该商品。

（6）其他表明客户已取得商品控制权的迹象。

（二）采用不同的方式销售商品的账务处理

企业采用不同的方式销售商品，确认收入的时点各不相同。

> **技能窗** 企业采用不同的方式销售商品的主要账务处理如表7-1所示。

表7-1　不同方式销售商品的账务处理

销售方式	收入确认时点	账务处理	
		确认收入	结转成本
直接收款	客户取得相关商品控制权	借：银行存款 贷：主营业务收入 　　应交税费－应交增值税（销项税额）	借：主营业务成本 贷：库存商品

续表

销售方式	收入确认时点	账务处理	
		确认收入	结转成本
委托收款	办妥委托收款手续且客户取得相关商品控制权	借：应收账款 贷：主营业务收入 　　应交税费－应交增值税（销项税额）	借：主营业务成本 贷：库存商品
商业汇票	收到商业汇票且客户取得相关商品控制权	借：应收票据 贷：主营业务收入 　　应交税费－应交增值税（销项税额）	借：主营业务成本 贷：库存商品
赊销方式	客户取得相关商品控制权	借：应收账款 贷：主营业务收入 　　应交税费－应交增值税（销项税额）	借：主营业务成本 贷：库存商品

（三）已经发出商品但不符合销售商品收入确认条件的销售业务

如果企业售出商品不符合销售商品收入确认条件，则不应确认收入。为了单独反映已经发出但尚未确认销售收入的商品成本，企业应设置"发出商品"等科目。"发出商品"科目核算一般销售方式下已经发出但尚未确认销售收入的商品成本。

点睛　尽管发出的商品不符合收入确认条件，但如果销售该商品的纳税义务已经发生，如已经开出增值税专用发票，则应确认应交的增值税销项税额。借记"应收账款"等科目，贷记"应交税费——应交增值税（销项税额）"科目。

（四）销售退回的处理

销售退回是指企业售出的商品，由于质量、品种不符合要求等原因而发生的退货。企业销售商品发生销售退回的，应当分别按不同情况进行会计处理：一是尚未确认销售商品收入的售出商品发生销货退回的，应当冲减"发出商品"，同时增加"库存商品"；二是已确认销售商品收入的售出商品发生销货退回的，除属资产负债表日后事项外，一般应在发生时冲减当期销售商品收入，同时冲减当期销售商品成本，如按规定允许扣减增值税税额的，应同时冲减已确认的应交增值税（销项税额）。

（五）采用支付手续费方式委托代销商品的处理

销售商品采用支付手续费方式委托代销的，委托方在发出商品时，商品所有权上的主要风险和报酬并未转移给受托方，委托方在发出商品时通常不应确认销售商品收入，而应在收到受托方开出的代销清单时确认销售商品收入,同时将应支付的代销手续费作为销售费用;受托方通过"受托代销商品""受托代销商品款"等科目,对受托代销商品进行核算,在代销商品销售后,按合同或协议约定的方法计算确定代销手续费,确认收入,借记"受托代销商品"科目,贷记"其他业务收入"。

技能窗 企业采用支付手续费方式委托代销商品的账务处理如表7-2所示。

表7-2 采用支付手续费方式委托代销商品的账务处理

业务	委托方账务处理	受托方账务处理
委托方发出商品 受托方收到商品	借:委托代销商品 贷:库存商品(商品成本)	借:受托代销商品(约定售价) 贷:受托代销商品款
受托方对外销售		借:银行存款 贷:受托代销商品(约定售价) 　　应交税费——应交增值税(销项税额)
受托方开具代销清单及手续费发票 委托方开出相应发票	(1)确认收入 借:应收账款 贷:主营业务收入(约定售价) 　　应交税费——应交增值税(销项税额) (2)结转成本 借:主营业务成本 贷:委托代销商品 (3)确认销售费用 借:销售费用(代销手续费金额) 　　应交税费——应交增值税(进项税额) 贷:应收账款	(1)收到发票 借:受托代销商品款 　　应交税费——应交增值税(进项税额) 贷:应付账款 (2)确认手续费收入 借:应付账款 贷:其他业务收入(代销手续费金额) 　　应交税费——应交增值税(销项税额)
款项结算	借:银行存款 贷:应收账款	借:应付账款 贷:银行存款

(六)销售材料等存货的处理

企业在日常活动中还可能发生对外销售不需用的原材料、随同商品对外销售单独计价的包装物等业务。企业销售原材料、包装物等存货也视同商品销售,其收入确认和计量原则比照商品销售。企业销售原材料、包装物等存货实现的收入以及结转的相关成本,通过"其他业务收入""其他业务成本"科目核算。

"其他业务收入"科目核算企业除主营业务活动以外的其他经营活动实现的收入,包括销售材料、出租包装物和商品、出租固定资产、出租无形资产等实现的收入。

"其他业务成本"科目核算企业除主营业务活动以外的其他经营活动所发生的成本，包括销售材料的成本、出租包装物的成本或摊销额、出租固定资产的折旧额、出租无形资产的摊销额。

三、可变对价销售业务处理

企业确定交易价格时，应当考虑可变对价等因素的影响，即使企业与客户约定的合同对价金额是固定的，也可能由于折扣、价格折让、返利、退款、奖励积分、激励措施、业绩奖金、索赔或有事项的发生等因素发生变化。合同中存在可变对价的，企业应当按照期望值或最可能发生金额确定可变对价的最佳估计数，但包含可变对价的交易价格，应当不超过在相关不确定性消除时累计已确认收入极可能不会发生重大转回的金额。企业在评估累计已确认收入是否极可能不会发生重大转回时，应当同时考虑收入转回的可能性及其比重。

每一资产负债表日，企业应当重新估计应计入交易价格的可变对价金额，包括重新评估将估计的可变对价计入交易价格是否受到限制，以如实反映报告期末存在的情况以及报告期内发生的情况变化。

点睛 当合同仅有两个可能结果时，通常按照最可能发生金额估计可变对价金额。

（一）销售折让的业务处理

销售折让是企业因售出商品的质量不合格等原因而在售价上给予的减让。企业将商品销售给买方后，如买方发现商品在质量、规格等方面不符合要求，可能要求买方在价格上给予一定的减让。销售折让如发生在确认销售收入之前，则应在确认销售收入时直接按扣除销售折让后的金额确认；已确认销售收入的售出商品发生销售折让，且不属于资产负债表日后事项的，应在发生时冲减当期销售商品收入，如按规定允许扣除增值税税额的，还应冲减已确认的应交增值税销项税额。

【案例7-2】2021年4月1日，宜诚公司销售给大华企业一批商品，增值税专用发票上注明的销售价格为100000元，增值税税额为13000元。该批商品成本为80000元，宜诚公司已确认收入。大华企业于4月10日验收时发现部分商品质量有瑕疵，要求在价格上给予10%的折让，宜诚公司同意折让并按规定开具了红字增值税专用发票，4月15日，收到大华企业转账支付的货款。为宜诚公司上述业务进行会计处理。

做中学·学中做

（二）有价格保护条款的业务处理

企业为了促进销售，有时会以提供价格保护的方式销售商品，如在合同中规定，在市场价格下跌时，按照合同价格与市场价格的差额向客户支付差价。企业应当按照以往执行类似合同的经验，预计市场价格变动情况，根据期望值或最可能发生金额确认可变对价的最佳估计数，来确认销售收入。

【案例7-3】2021年4月1日，宜诚公司向经销商A商场赊销一批商品，增值税专用发票上注明的销售价格为80000元，增值税税额为10400元，该批商品成本为60000元。宜诚公司向A商场提供价格保护，同意在未来3个月内，如果同款商品售价下降，将按照合同价格与最低价格之间的差额向A商场支付差价。根据以往交易经验，宜诚公司预计该批商品不含增值税的价格下降概率如表7-3所示，宜诚公司采用期望值来预测对价金额，为宜诚公司该业务进行会计处理。

表7-3　商品价格下降概率预计

未来3个月降价金额/元	概率
0	50%
5000	30%
8000	20%

做中学·学中做

该批商品的估计交易价格＝

（三）商业折扣和现金折扣业务处理

对于商业折扣销售业务，企业从应确认的销售收入中予以扣除；对于现金折扣销售业务，企业需要确认可变对价的最佳估计数，来确认销售收入。

【案例7-4】宜诚公司2021年3月1日销售甲商品一批，货款100000元，增值税税率13%，该批商品的实际成本为80000元。由于是成批销售，宜诚公司给予购货方5%的商业折扣，并在销售合同中规定现金折扣条件为2/10，n/30，计算现金折扣不考虑增值税；甲商品于3月1日发出，购货方收到商品并验收入库。宜诚公司基于以往交易经验，预计购货方10天内付款的概率为90%，10天之后付款的概率为10%，按照最可能发生金额来预测对价金额。3月8日，购货方支付了货款。为宜诚公司该业务进行会计处理。

四、在某一时段内完成的商品销售业务处理

对于在某一时段内履行的履约义务，企业应当在该段时间内按照产出法或投入法确定的履约进度确认收入，履约进度不能合理确定的除外。确定履约进度时，应当扣除那些控制权尚未转移给客户的商品和服务。

（一）合同取得成本业务处理

企业为取得合同发生的增量成本预期能够收回的，应当作为合同取得成本确认为一项资产。增量成本是指企业不取得合同就不会发生的成本。企业确认为资产的合同取得成本，应当采用与其相关的商品收入确认相同基础进行摊销，计入当期损益。

企业应当设置"合同取得成本"科目对合同取得成本进行核算，发生合同取得成本时，借记"合同取得成本"科目，贷记"银行存款"等科目；对合同取得成本进行摊销时，借记"销售费用"等科目，贷记本科目。期末余额在借方，反映企业尚未结转的合同取得成本，该科目可以按照合同进行明细核算。

企业应当设置"合同取得成本减值准备"科目核算合同取得成本发生减值的业务。

> **点睛** 实务中为了简化操作，如果合同取得成本摊销期限不超过一年，可以在发生时计入当期损益。

【案例7-5】 宜诚公司2021年通过竞标取得一份合同，服务期4年，每年可以取得咨询费收入240000元，增值税税率6%。为了取得该合同，宜诚公司发生如下支出：（1）因投标发生的销售人员差旅费12000元；（2）聘请外部律师进行尽职调查支付费用10000元；（3）销售人员佣金48000元。上述支出均以银行存款支付，宜诚公司预计这些支出未来均可收回。判断宜诚公司上述支出是否属于合同取得成本，为什么？对2021年宜诚公司上述业务会计处理，并就每个月摊销服务收入及合同取得成本进行会计处理。

做中学
·
学中做

（二）合同履约成本业务处理

企业为履行合同发生的成本，不属于存货、固定资产、无形资产等规范范围且同时满足下列条件的，应当作为合同履约成本确认为一项资产。

（1）该成本与一份当前或预期取得的合同直接相关，包括直接人工、直接材料、制造费用（或类似费用）等与合同直接相关的成本，和明确由客户承担的成本以及仅因该合同而发生的其他成本（如支付给分包商的成本、场地清理费等）；

（2）该成本增加了企业未来用于履行履约义务的资源；

（3）该成本预期能够收回。

企业对已确认为资产的合同履约成本，应当采用与该资产相关的商品收入确认相同的基础进行摊销，计入当期损益。企业应当设置"合同履约成本"科目，发生合同履约成本时，借记"合同履约成本"科目，贷记"银行存款""原材料"等科目；对合同履约成本进行摊销时，借记"主营业务成本""其他业务成本"等科目，贷记本科目。期末余额在借方，反映企业尚未结转的合同履约成本。该科目可以按合同设置明细科目进行明细核算。

企业应当设置"合同履约成本减值准备"科目核算合同履约成本发生减值的业务。

> **点睛** 企业应当在下列支出发生时，将其计入当期损益：（1）管理费用；（2）非正常消耗的直接材料、直接人工和制造费用（或类似费用），这些支出为履行合同发生，但未反映在合同价格中；（3）与履约义务中已履行部分相关的支出；（4）无法在尚未履行的与已履行的履约义务之间区分的相关支出。

【案例7-6】嘉和公司为增值税一般纳税人。2021年12月1日，嘉和公司与添美公司签订一份装修合同，合同期限为2个月，约定装修价款200000元，增值税税额为18000元，装修款于每月月末按完工进度支付，嘉和公司开具对应的增值税专用发票。2021年12月31日，经专业测量确定该装修劳务完工程度为30%，嘉和公司为完成该合同累计发生劳务成本45000元，预计还将发生劳务成本105000元，添美公司支付了进度款及相应的增值税款。2022年1月31日，装修全部完工，添美公司验收合格后支付尾款。嘉和公司1月份为完成该合同发生劳务成本105000元。假定本业务中劳务成本均为装修工人薪酬，该装修业务为嘉和公司的主营业务且由其独立完成，该装修服务构成单项履约义务，并属于在某一时段内履行的履约义务，嘉和公司按照实际测量的完工进度确定履约进度。为嘉和公司该笔业务进行相应的会计处理。

> 做中学
> ·
> 学中做

（三）合同负债业务处理

合同负债是指企业已收或应收客户对价而应向客户转让商品的义务。如企业在转让承诺的商品之前已收取的款项。企业应当设置"合同负债"科目，在企业发生合同负债时，借记"银行存款"等科目，贷记"合同负债"科目；企业向客户转让商品时，将相应地借记"合同负债"，贷记"主营业务收入"等科目。期末余额在贷方，反映企业在向客户转让商品之前，已经收到的合同对价或已经取得的无条件收取合同对价权利的金额。该科目可以按照合同设置明细科目进行明细核算。

【案例7-7】丽人公司为增值税一般纳税人，美容护理服务增值税税率为6%。2021年5月1日，某客户成为该公司的会员，并缴纳会员费25440元，可以在未来24个月内不限次数来该公司享受美容护理服务。为丽人公司编制2021年5月1日、5月31日的会计分录。

> 做中学
> ·
> 学中做

知识链接

知识锦囊

案例解析

拓展提升

合同资产

合同资产是指企业已向客户转让商品而有权收取对价的权利,且该权利取决于时间流逝之外的其他因素(如履行合同中的其他履约义务)。企业应当设置"合同资产"科目对合同资产进行核算,当企业因转让商品而有权收取对价时,借记"合同资产"科目,贷记"主营业务收入"等科目;当企业履行履约义务取得无效件收款权时,贷记本科目,借记"银行存款""应收账款"等科目。

企业应当设置"合同资产减值准备"科目核算合同资产发生减值的业务。

任务解析

> **技能窗** 合同资产与应收款项的区别如表7-4所示。

表7-4 合同资产与应收款项的区别

区别	合同资产	应收款项
是否无条件	合同资产并不是一项无条件收款权,该权利除了时间流逝之外,还取决于其他条件(如:履行合同中的其他履约义务)才能收取相应的合同对价	应收款项代表的是无条件收取合同对价的权利,即企业仅仅随着时间的流逝即可收款
风险类型	信用风险、履约风险等	信用风险

2021年6月1日,宜诚公司与客户签订合同,向其销售甲、乙两类商品,合同总价款为200000元。已知甲、乙两批商品单独售价分别为100000元和150000元,上述价格均不包含增值税。合同约定,甲商品于合同开始日交付,乙商品在一个月之后交付,只有当两项商品全部交付之后,宜诚公司才有权收取200000元的合同对价。2021年7月1日,宜诚公司将乙商品交付给客户,并开具增值税专用发票,注明价款200000元,增值税税额为26000元。假定甲商品和乙商品分别构成单项履约义务,其控制权在交付时转移给客户,甲、乙两批商品的实际成本分别为70000元和110000元。

要求:编制宜诚公司6月1日、7月1日的会计分录。

任务2　税费业务处理

任务清单7-2　税费业务处理

项目名称	任务清单内容
任务导入	宜诚公司2021年12月发生如下业务。 （1）1日，公司为宣传新产品发生广告费50000元，并取得增值税专用发票，注明增值税税额3000元。款项均以银行存款支付。 （2）宜诚公司销售部12月份共发生费用100000元，其中，销售人员薪酬80000元，销售部专用办公设备折旧费15000元，办公费5000元（银行存款支付）。 （3）宜诚公司销售一批产品，销售过程中发生运输费6000元，取得增值税专用发票，注明增值税税额540元；另发生装卸费1000元，取得增值税专用发票，注明增值税税额60元。上述款项均以银行存款支付。 （4）宜诚公司当月生产车间发生日常修理费用30000元，取得增值税专用发票注明增值税税额1800元，行政管理部门发生设备日常修理费用2000元，取得增值税专用发票注明增值税税额120元，均不满足固定资产确认条件，上述款项均以银行存款支付。 （5）22日，宜诚公司收到银行利息结算单据，划扣本月短期贷款利息1000元。 （6）31日，宜诚公司按规定计算确定当月应交城市维护建设税198.20元；教育费附加118.90元；地方教育费附加79.30元
任务目标	掌握税费核算的范围，能够对税费相关业务进行会计处理
任务要求	根据任务导入，综合运用资源，对宜诚公司12月的税费业务进行相关会计处理
任务实施	
任务总结	通过完成上述任务，你学到了哪些知识或技能？
实施人员	
任务点评	

岗位知识

费用：费用是指企业在日常活动中发生的、会导致所有权益减少的、与向所有者分配无关的经济利益的总流出。主要指企业为取得营业收入进行产品销售等业务活动所发生的企业货币资金的流出，具体包括营业成本、税金及附加和期间费用。费用具有以下三个特征。

1. 费用是企业在日常活动中发生的经济利益的总流出

费用形成于企业日常活动的特征使其与产生于非日常活动的损失相区分。企业从事或发生的某些活动或事项也能导致经济利益流出企业，但不属于企业的日常活动。例如，企业处置固定资产、无形资产等非流动资产，因违约支付罚款、对外捐赠、因自然灾害等非常原因造成财产毁损等，这些活动或事项形成的经济利益的总流出属于企业的损失而不是费用。

2. 费用会导致企业所有者权益的减少

费用既可能表现为资产的减少，如减少银行存款、库存商品等；也可能表现为负债的增加，如增加应付职工薪酬、应交税费（房产税、消费税等）等。根据"资产－负债＝所有者权益"的会计等式，费用一定会导致企业所有者权益的减少。

企业经营管理中的某些支出并不减少企业的所有者权益，也就不构成费用。例如，企业以银行存款偿还一项负债，只是一项资产和一项负债的等额减少，对所有者权益没有影响，因此，不构成企业的费用。

3. 费用与所有者分配利润无关

向所有者分配利润或股利属于利润分配的内容，不构成企业的费用。

费用按经济内容可分为劳动对象方面的费用、劳动手段方面的费用、活劳动方面的费用三部分；按经济用途可分为产品生产费用和期间费用。

一、营业成本

营业成本包括主营业务成本和其他业务成本，是指企业为生产产品、提供劳务等发生的可归属于产品成本、劳务成本等的费用。企业应当在确认销售商品收入、提供劳务收入的同时，将已销售商品、已提供劳务的成本等记入"主营业务成本"或"其他业务成本"科目。

技能窗 主营业务成本和其他业务成本的账务处理如表7-5所示。

表7-5 主营业务成本和其他业务成本的账务处理

业务	账务处理
企业因销售商品、提供劳务或让渡资产使用权等日常活动而结转成本	借：主营业务成本 贷：库存商品 　　合同履约成本
企业销售材料、计提出租包装物的成本或摊销额、出租固定资产的折旧额、出租无形资产的摊销额等	借：其他业务成本 贷：原材料/周转材料/累计折旧/累计摊销 　　应付职工薪酬/银行存款等
期末，将主营业务成本、其他业务成本的余额转入"本年利润"科目	借：本年利润 贷：主营业务成本 　　其他业务成本

二、期间费用

（一）销售费用

销售费用是指企业在销售商品和材料、提供劳务过程中发生的各项费用，包括企业在销售商品过程中发生的包装费、保险费、展览费和广告费、商品维修费、预计产品质量保证损失、运输费、装卸费等费用（不包括构成合同履约成本从而应当计入主营业务成本的情形），以及企业发生的为销售本企业商品而专设的销售机构（含销售网点、售后服务网点等）的职工薪酬、业务费、折旧费、固定资产修理费等费用。

企业应通过"销售费用"科目，核算销售费用的发生和结转情况。该科目借方登记企业所发生的各项销售费用，贷方登记期末结转入"本年利润"科目的销售费用，结转后该科目应无余额。该科目应按销售费用的费用项目进行明细核算。

（二）管理费用

管理费用是指企业为组织和管理生产经营活动而发生的各种管理费用，包括企业筹建期间发生的开办费、董事会和行政管理部门在企业的经营管理中发生的或者应由企业统一负担的公司经费（包括行政管理部门职工薪酬、物料消耗、低值易耗品摊销、办公费和差旅费等）、工会经费、董事会费（包括董事会成员津贴、会议费和差旅费等）、聘请中介机构费、咨询费（含顾问费）、诉讼费、业务招待费、技术转让费、矿产资源检查费、研究费用、排污费以及企业生产车间（部门）和行政管理部门发生的固定资产修理费等。

企业应通过"管理费用"科目，核算管理费用的发生和结转情况。该科目借方登记企业发生的各项管理费用,贷方登记期末转入"本年利润"科目的管理费用,结转后该科目应无余额。该科目应按管理费用的费用项目进行明细核算。

(三)财务费用

财务费用是指企业为筹集生产经营所需资金等而发生的筹资费用,包括利息支出(减利息收入)、汇兑损益以及相关的手续费等。

企业应通过"财务费用"科目,核算财务费用的发生和结转情况。该科目借方登记企业发生的各项财务费用,贷方登记期末结转入"本年利润"科目的财务费用。结转后该科目应无余额。该科目应按财务费用的费用项目进行明细核算。

三、税金及附加

税金及附加是指企业经营活动应负担的相关税费,包括消费税、城市维护建设税、教育费附加、地方教育费附加、资源税、房产税、车船税、城镇土地使用税、印花税等。

技能窗 税金及附加的账务处理如表7-6所示。

表7-6 税金及附加的账务处理

业务	账务处理
企业按规定计算确定的消费税、城市维护建设税、教育费附加、地方教育费附加、资源税、房产税、车船税、城镇土地使用税等相关税费	借:税金及附加 贷:应交税费——应交消费税/应交城市维护建设税 　　　　　——应交教育费附加/应交地方教育附加 　　　　　——应交资源税/应交房产税 　　　　　——应交车船税/应交城镇土地使用税
企业发生并缴纳印花税	借:税金及附加 贷:银行存款/库存现金
期末,将税金及附加的余额转入"本年利润"科目	借:本年利润 贷:税金及附加

知识链接

知识锦囊

拓展提升

2021年7月末,宜诚公司预计当月实际缴纳的增值税为50000元,适用的城市维护建设税税率为5%,教育费附加征收比例为3%,地方教育费附加征收比例为2%。该公司2021年8月申报并缴纳了城市维护建设税、教育费附加和地方教育费附加。

要求:编制宜诚公司计提并缴纳城市维护建设税、教育费附加和地方教育费附加的会计分录。

知识测试与能力训练

一、单项选择题

1. 下列各项中，属于企业收入的是（　　）。
   A. 出租固定资产取得的租金　　　　B. 接受捐赠取得的现金
   C. 出售无形资产取得的净收益　　　D. 股权投资取得的现金股利

2. 某企业为增值税一般纳税人，适用的增值税税率为13%。2021年3月1日，该企业向某客户销售商品20000件，单位售价为20元（不含增值税），单位成本为10元，给予客户10%的商业折扣，当日发出商品，并符合收入确认条件。销售合同约定的现金折扣条件为2/10，1/20，n/30（计算现金折扣时不考虑增值税）。不考虑其他因素，该客户于3月5日付款时享有的现金折扣为（　　）元。
   A. 4680　　　　　　　　　　　　B. 3600
   C. 4212　　　　　　　　　　　　D. 7200

3. 2021年2月2日，甲公司向乙公司赊销一批商品，增值税专用发票上注明的价款为200万元，增值税税额为26万元，符合收入确认条件。3月15日，乙公司发现该批商品外观有瑕疵，要求按不含税销售价格给予5%的折让，甲公司同意并开具了红字增值税专用发票，同日收到乙公司支付的货款。下列各项中，关于甲公司销售折让会计处理结果表述不正确的是（　　）。
   A. 冲减应交税费1.3万元　　　　　B. 冲减主营业务收入10万元
   C. 增加销售费用11.3万元　　　　　D. 冲减应收账款11.3万元

4. 甲公司为增值税一般纳税人。2021年1月1日，它与乙公司签订了一项为期6个月的咨询合同，合同不含税总价款为60000元，当日收到总价款的50%，增值税税额为1800元。截至年末，甲公司累计发生劳务成本6000元，估计还将发生劳务成本34000元，完工进度按照已发生的成本占估计总成本的比例确定。2021年1月31日，甲公司应确认该项劳务的收入为（　　）元。
   A. 9000　　　　　　　　　　　　B. 30000
   C. 6000　　　　　　　　　　　　D. 40000

5. 某企业生产资源税应税项目产品用于销售，应交资源税借记（　　）。
   A. 管理费用　　　　　　　　　　B. 营业外支出
   C. 税金及附加　　　　　　　　　D. 生产成本

二、多项选择题

1. 下列关于企业销售商品收入确认时点的表述中，正确的有（　　）。
   A. 采用支付手续费委托代销方式销售商品，应在收到代销清单时确认收入
   B. 采用预收款方式销售商品，应在收到货款时确认收入
   C. 采用交款提货方式销售商品，应在开出发票账单收到货款时确认收入
   D. 采用托收承付方式销售商品，应在办妥托收手续时确认收入

2. 下列各项中，应计入工业企业其他业务收入的有（　　）。
   A. 出售原材料取得的收入
   B. 随同商品出售且单独计价的包装物取得的收入
   C. 股权投资取得的现金股利收入
   D. 经营性租赁固定资产的现金收入

3. 某制造企业以经营租赁方式出租一台大型设备，租赁期为2年，每年年末收取租金，按月计提折旧。下列各项中，关于该企业出租设备的会计处理表述正确的有（　　）。
   A. 租金收入确认为其他业务收入
   B. 计提的出租设备减值准备确认为资产减值损失
   C. 计提的出租设备折旧确认为其他业务成本
   D. 租赁期满时一次性确认收入

4. 下列各项中应列入利润表"营业成本"项目的有（　　）。
   A. 随同商品出售不单独计价的包装物成本
   B. 商品流通企业销售外购商品的成本
   C. 随同商品出售单独计价的包装物成本
   D. 销售材料的成本

5. 下列各项中，应计入销售费用的有（　　）。
   A. 预计产品质量保证损失
   B. 销售产品为购货方代垫的运费
   C. 结转随同产品出售不单独计价的包装物成本
   D. 专设销售机构固定资产折旧费

三、判断题

1. 销售商品相关的已发生或将发生的成本不能合理估计的，企业应在收到货款时确认收入。（　　）

2. 企业采用支付手续费方式委托代销商品，委托方应在发出商品时确认销售商品收入。（　　）

3. 企业对外提供的劳务分属不同会计期间且资产负债表日提供劳务的交易结果不能可靠

估计的，不能采用完工百分比法确认其当期劳务收入。（   ）
4. 企业债权投资获得的利息收入属于让渡资产使用权收入。（   ）
5. 企业支付专设销售机构固定资产的日常修理费应计入管理费用。（   ）

四、不定项选择题

甲公司为增值税一般纳税人，适用的增值税税率为13%，该公司主营业务为经销W产品并按实际成本核算。确认收入的同时结转销售成本。2021年该公司发生的经济业务如下：

（1）3月1日，收到乙公司预付货款1100万元。3月2日，向乙公司发出一批W产品，按产品价目表上的标价计算其总价为1000万元，由于是成批销售，甲公司给予乙公司10%的商业折扣，当日开出增值税专用发票。发出的商品符合收入确认条件，该批产品成本总额为800万元。

（2）5月1日，向丙公司赊销W产品一批，合同约定的现金折扣条件为2/10，1/20，n/30（计算现金折扣时不考虑增值税），开出的增值税专用发票上注明价款为1000万元，增值税税额为130万元，该批产品成本总额700万元。W产品已发出，符合收入确认条件，甲公司于5月7日收到丙公司上述款项。

（3）9月10日，向丁公司赊销W产品一批，开出的增值税专用发票上注明价款为2000万元，增值税税额为260万元，款项尚未收到，该批产品成本为1500万元。由于丁公司财务状况不稳定，收回款项存在较大的不确定性，不符合收入确认条件。

（4）10月15日，丁公司发现上述产品存在质量问题，要求给予10%的销售折让，甲公司同意后开出增值税专用发票（红字）。丁公司承诺近期付款，收入确认条件已经满足。

要求：根据上述资料，不考虑其他因素，分析回答下列小题。（答案中的金额单位用万元表示）

1. 根据资料（1），下列各项中，关于甲公司向乙公司销售产品的会计处理正常的是（   ）。

  A. 3月1日收到预付款项时

    借：银行存款   1017
      贷：主营业务收入   900
         应交税费——应交增值税（销项税额） 117

  B. 3月2日收到预付款项时

    借：银行存款   1017
      贷：主营业务收入   900
         应交税费——应交增值税（销项税额） 117

C. 3月1日收到预付款项时

借：银行存款　　　　　　　　　1017

贷：预收账款　　　　　　　　　1017

D. 3月2日发出商品时

借：主营业务成本　　　　　　　800

贷：库存商品　　　　　　　　　800

2. 根据资料（2），下列各项中，甲公司向丙公司赊销W产品相关科目会计处理结果正确的是（　　）。

A. 5月1日，贷记"主营业务收入"科目1000万元

B. 5月7日，借记"财务费用"科目20万元

C. 5月7日，借记"银行存款"科目1110万元

D. 5月1日，借记"应收账款"科目1130万元

3. 根据资料（3），下列各项中，关于甲公司向乙公司赊销W产品相关科目的会计处理结果正确的是（　　）。

A. "主营业务成本"科目1500万元

B. "发出商品"科目2000万元

C. "应收账款"科目260万元

D. "发出商品"科目1500万元

4. 根据资料（4），下列各项中，关于甲公司同意销售折让并确认收入相关科目的会计处理结果正确的是（　　）。

A. "主营业务收入"科目2000万元

B. "发出商品"科目1500万元

C. "库存商品"科目1500万元

D. "主营业务成本"科目1500万元

5. 根据资料（1）~（4），下列各项中，甲公司2021年销售W产品在"利润表"相关项目列示正确的是（　　）。

A. 营业成本为3020万元

B. 营业收入为3680万元

C. 营业收入为3700万元

D. 营业成本为3000万元

知识测试与能力训练解析

模块八
利润分配与管理岗位业务

岗位职责
- 负责收集与管理所有者权益变动的相关资料。
- 负责所有者权益的核算。
- 负责利润的核算。
- 负责年度结账业务。
- 负责所得税的汇算与清缴。
- 会同有关人员拟定利润分配方案,负责利润分配的核算。

知识目标
- 掌握所有者权益的内容及其核算。
- 掌握资产负债表债务法的应用。
- 掌握营业利润、利润总额、净利润等利润指标的计算与核算。
- 掌握利润分配的一般程序以及核算。
- 掌握年度结账的方法。
- 能够完成所得税的汇算与清缴。

能力目标
- 能够识别和填制与利润相关的原始单据。
- 能够确认、计量与核算所得税费用,填制相关记账凭证。
- 能够计算与核算营业利润、利润总额、净利润,填制相关记账凭证。
- 能够核算利润分配,填制相关记账凭证。
- 能够开设和登记本年利润、利润分配、所得税费用等明细账。
- 能够将本年利润、利润分配、所得税费用等明细账与总账核对,做到账账相符。

素质目标
- 培养学生生活中学会理财、学习中养成投资的好习惯。
- 培养学生坚定"友善是唯一永远也不会亏本的投资"的信念。

模块八 利润分配与管理岗位业务

任务1　所有者权益业务处理

任务清单8-1　核算实收资本业务

项目名称	任务清单内容
任务导入	假设宜诚公司发生如下经济业务。 （1）甲、乙、丙共同投资成立宜诚公司，注册资本为2000000元。甲、乙、丙持股比例分别为60%、25%和15%。按照公司章程规定，甲、乙、丙投入资本分别为现金1200000元、500000元和300000元。宜诚公司已如期收到各投资者一次缴足的款项。 （2）为扩大经营规模，经批准，宜诚公司注册资本扩大为3000000元，甲、乙、丙按照原出资比例分别追加投资600000元、250000元和150000元。 （3）宜诚公司收到H公司作为资本投入的不需要安装的机器设备一台，合同约定该机器设备的价值为1000000元，增值税进项税额为130000元（由投资方支付税款，并提供或开具增值税专用发票，下同）。宜诚公司接受H公司投入的资本为1130000元，全部作为实收资本。合同约定的固定资产价值与公允价值相符，不考虑其他因素。 （4）宜诚公司收到R公司作为资本投入的原材料一批，该批原材料投资合同约定价值（不含可抵扣的增值税进项税额部分）为200000元，增值税进项税额为26000元。合同约定价值与公允价值相符，不考虑其他因素。 （5）宜诚公司收到E公司作为资本投入的非专利技术一项，该非专利技术投资合同约定价值为600000元，增值税进项税额为36000元（由投资方支付税款，并提供或开具增值税专用发票）；同时收到F公司作为资本投入的土地使用权一项，投资合同约定价值为800000元，增值税进项税额为72000元。合同约定的价值与公允价值相符，不考虑其他因素。 （6）为缩减经营规模，经批准，宜诚公司注册资本缩减为2000000元，按照原出资比例分别退回甲、乙、丙投资600000元、250000元和150000元
任务目标	认知实收资本业务流程，能够对实收资本的增加和减少业务进行账务处理
任务要求	根据任务导入，综合运用资源，完成以下任务。 （1）阐述实收资本增加和减少的业务处理流程； （2）完成宜诚公司接受资本投入业务的账务处理； （3）完成宜诚公司缩减注册资本业务的账务处理
任务实施	1. 实收资本增加和减少的业务处理流程

续表

项目名称	任务清单内容
任务实施	2. 宜诚公司接受资本投入业务的账务处理 （1）编制宜诚公司接受甲、乙、丙共同投资的会计分录： （2）编制宜诚公司接受甲、乙、丙追加投资的会计分录： （3）编制宜诚公司接受H公司投资的会计分录： （4）编制宜诚公司接受R公司投资的会计分录： （5）编制宜诚公司接受E公司和F公司投资的会计分录： 3. 编制宜诚公司缩减注册资本的会计分录
任务总结	通过完成上述任务，你学到了哪些知识或技能？
实施人员	
任务点评	

任务清单8-2　核算股本业务

项目名称	任务清单内容
任务导入	甲上市公司2021年12月31日的股本为100000000元（面值为1元），资本公积（股本溢价）为30000000元，盈余公积为40000000元。经股东大会批准，甲上市公司以现金回购方式回购本公司股票20000000股并注销。 （1）假定甲上市公司按每股2元回购股票，不考虑其他因素。 （2）假定甲上市公司按每股3元回购股票，其他条件不变。 （3）假定甲上市公司按每股0.9元回购股票，其他条件不变
任务目标	认知股本业务流程，能够对股本的增加和减少业务进行账务处理
任务要求	根据任务导入，综合运用资源，完成以下任务。 （1）阐述股本增加和减少的业务处理流程； （2）完成甲上市公司回购股票业务的账务处理
任务实施	1. 股本增加和减少的业务处理流程 2. A上市公司回购股票业务的账务处理 （1）按每股2元回购股票并注销： （2）按每股3元回购股票并注销： （3）按每股0.9元回购股票并注销：
任务总结	通过完成上述任务，你学到了哪些知识或技能？
实施人员	
任务点评	

项目名称	任务清单内容
	任务清单8-3　核算资本公积业务
任务导入	假设W公司发生如下经济业务。 （1）W公司由甲、乙各投资3000000元而设立。三年后，为扩大经营规模，经批准，W公司注册资本增加到9000000元，并引入投资者丙加入。按照投资协议，新投资者需缴入现金4000000元，同时享有该公司1/3的股份。W公司已收到该现金投资，假定不考虑其他因素。 （2）因扩大经营规模需要，经批准，W公司按原出资比例将资本公积900000元转增资本。 （3）因扩大经营规模需要，经批准，W公司按原出资比例将盈余公积600000元转增资本。 （4）年初，W公司向F公司投资6000000元，拥有该公司20%的股份，并对该公司有重大影响，因而对F公司长期股权投资采用权益法核算。年末，F公司除净损益、其他综合收益和利润分配之外的所有者权益增加了1000000元。假定除此之外，F公司的所有者权益没有变化，W公司的持股比例没有变化，F公司资产的账面价值与公允价值一致，不考虑其他因素
任务目标	认知资本公积业务流程，能够对资本公积的增加和减少业务进行账务处理
任务要求	根据任务导入，综合运用资源，完成以下任务。 （1）阐述资本公积增加和减少的业务处理流程； （2）完成W公司有关资本公积业务的账务处理
任务实施	1. 股本增加和减少的业务处理流程 2. W公司有关资本公积业务的账务处理 （1）接受投资者丙投入现金资本时： （2）扩大经营规模，资本公积转增资本时： （3）扩大经营规模，盈余公积转增资本时： （4）确认对F公司投资增加的其他资本公积时：

续表

项目名称	任务清单内容
任务总结	通过完成上述任务，你学到了哪些知识或技能？
实施人员	
任务点评	

任务清单8-4　核算留存收益业务

项目名称	任务清单内容
任务导入	假设甲、乙、丙、丁、戊公司发生如下经济业务。 （1）甲公司本年实现净利润1500000元，按10%提取法定盈余公积金，并宣告发放现金股利200000元，假定不考虑其他因素。 （2）乙股份有限公司本年实现净利润为5000000元，年初未分配利润为0。经股东大会批准，乙股份有限公司按当年净利润的10%提取法定盈余公积金，假定不考虑其他因素。 （3）经股东大会批准，丙股份有限公司用以前年度提取的盈余公积弥补当年亏损，当年弥补亏损的金额为600000元，假定不考虑其他因素。 （4）因扩大经营规模需要，经股东大会批准，丁股份有限公司将盈余公积400000元转增股本，假定不考虑其他因素。 （5）戊股份有限公司2021年12月31日股本为50000000元（每股面值1元），可供投资者分配的利润6000000元，盈余公积为20000000元。2022年3月25日，股东大会批准了2021年度利润分配方案，按每10股2元发放现金股利。戊股份有限公司共需要分派10000000元现金股利，其中动用可供投资者分配的利润6000000元、盈余公积4000000元，假定不考虑其他因素
任务目标	认知利润分配业务流程，能够对利润分配的增加和减少业务进行账务处理；认知盈余公积业务流程，能够对盈余公积的增加和减少业务进行账务处理
任务要求	根据任务导入，综合运用资源，完成以下任务。 （1）阐述利润分配增加和减少的业务处理流程； （2）阐述盈余公积增加和减少的业务处理流程； （3）完成甲、乙、丙、丁、戊公司关于利润分配和盈余公积业务的账务处理

续表

项目名称	任务清单内容
任务实施	1. 利润分配增加和减少的业务处理流程 2. 甲公司关于利润分配和盈余公积业务的账务处理 （1）实现净利润时： （2）提取法定盈余公积时： （3）向投资者分配利润时： （4）将"利润分配"科目所属其他明细科目的余额结转至"未分配利润"明细科目： 3. 乙公司提取法定盈余公积金的账务处理 4. 丙公司用以前年度提取的盈余公积弥补当年亏损的账务处理 5. 丁公司将盈余公积转增股本的账务处理 6. 戊公司关于利润分配和盈余公积业务的账务处理 （1）批准发放现金股利时： （2）支付现金股利时：

续表

项目名称	任务清单内容
任务总结	通过完成上述任务，你学到了哪些知识或技能？
实施人员	
任务点评	

岗位知识

一、所有者权益

所有者权益是指企业资产扣除负债后由所有者享有的剩余权益。公司所有者权益又称股东权益。所有者权益具有以下特征。

（1）除非发生减资、清算或分派现金股利，企业不需要偿还所有者权益；

（2）企业清算时，只有在清偿所用的负债后，所有者权益才返还给所有者；

（3）所有者凭借所有者权益能够参与企业利润的分配。

所有者权益的来源包括所有者投入的资本、其他综合收益、留存收益等，通常由实收资本（或股本）、其他权益工具、资本公积、其他综合收益、留存收益构成。

二、实收资本

实收资本是指企业按照章程规定或合同、协议约定，接受投资者投入企业的资本。实收资本的构成比例或股东的股份比例，是确定所有者在企业所有者权益中份额的基础，也是企业进行利润或股份分配的主要依据。

技能窗 实收资本的账务处理如表8-1所示。

表8-1 实收资本的账务处理

业务	账务处理	
接收现金资产投资	1. 股份有限公司以外的企业 借：银行存款 贷：实收资本	2. 股份有限公司 借：银行存款 贷：股本 　　资本公积——股本溢价
接收非现金资产投资	借：固定资产/原材料/无形资产等（协议价或公允价值） 　　应交税费——应交增值税（进项税额） 贷：实收资本等（投资方在注册资本中所享有的份额） 　　资本公积（资本溢价或股本溢价）	
实收资本（或股本）的增减变动	1. 实收资本（或股本）的增加 （1）接受投资者追加投资 借：银行存款等 贷：实收资本/股本 　　资本公积——资本溢价/股本溢价 （2）资本公积转增资本 借：资本公积 贷：实收资本/股本 （3）盈余公积转增资本 借：盈余公积 贷：实收资本/股本 2. 实收资本（或股本）的减少 （1）回购本公司股份时 借：库存股（回购价格） 贷：银行存款 （2）将回购的本公司股份注销时 借：股本（所注销的股数×每股面值） 　　资本公积（差额） 　　盈余公积 　　利润分配——未分配利润 贷：库存股（注销库存股账面余额） 如果注销库存股时出现贷方差额，则贷记资本公积——股本溢价	

三、资本公积

资本公积是企业收到投资者出资额超出其在注册资本（或股本）中所占份额的部分，以及其他资本公积等。资本公积包括资本溢价（或股本溢价）和其他资本公积等。

形成资本溢价（或股本溢价）的原因有溢价发行股票、投资者超额缴入资本等。

技能窗 资本公积的账务处理如表8-2所示。

表8-2 资本公积的账务处理

项目	账务处理
资本溢价（或股本溢价）	1. 资本溢价（除股份有限公司外的其他类型的企业） 借：银行存款等 贷：实收资本 　　资本公积——资本溢价 2. 股本溢价（股份有限公司） 借：银行存款等 贷：股本 　　资本公积——股本溢价（实际收到的款额超过股票面值总额的部分） 　与发行股票相关的手续费、佣金等交易费用，应从溢价中抵扣，冲减资本公积（股本溢价）；无溢价发行股票或溢价金额不足以抵扣的，应将不足抵扣的部分依次冲减盈余公积和未分配利润。 借：资本公积——股本溢价 　　盈余公积 　　利润分配——未分配利润 贷：银行存款
其他资本公积	企业对被投资单位的长期股权投资采用权益法核算时，当被投资方发生除净损益、其他综合收益和利润分配以外的所有者权益的其他变动时，投资企业应按照享有的份额编制如下会计分录。 借：长期股权投资——其他权益变动 贷：资本公积——其他资本公积 　在处置长期股权投资时，应转销与该笔投资相关的其他资本公积。 借：资本公积——其他资本公积 贷：投资收益
资本公积转增资本	经股东大会或类似机构决议，用资本公积转增资本时，应冲减资本公积，同时按照转增资本前的实收资本（或股本）的结构或比例，将转增的金额计入实收资本或股本，具体会计分录见"实收资本的账务处理"

四、留存收益

留存收益是指企业从历年实现的利润中提取或形成的留存于企业的内部积累，包括盈余公积和未分配利润两类。

盈余公积是指企业按照有关规定从净利润中提取的积累资金。公司制企业的盈余公积包括法定盈余公积和任意盈余公积。企业提取的盈余公积经批准可用于弥补亏损、转增资本或发放现金股利或利润等。

未分配利润是指企业实现的净利润经过弥补亏损、提取盈余公积和向投资者分配利润后留存在企业的历年结存的利润。

（一）利润分配

利润分配是指企业根据国家有关规定和企业章程、投资者协议等，对企业当年可供分配的利润所进行的分配。

$$\text{可供分配的利润} = \text{当年实现的净利润（或净亏损）} + \text{年初未分配利润（或 – 年初未弥补亏损）} + \text{其他转入}$$

利润分配的顺序是：（1）提取法定盈余公积；（2）提取任意盈余公积；（3）向投资者分配利润。

技能窗 利润分配的账务处理如表8-3所示。

表8-3 利润分配的账务处理

业务	账务处理
年终，将全年实现的净利润转入"利润分配"科目；如亏损，编制相反会计分录	借：本年利润 贷：利润分配——未分配利润
提取盈余公积	借：利润分配——提取法定/任意盈余公积 贷：盈余公积
宣告发放现金股利时	借：利润分配——应付现金股利或利润 贷：应付股利
将"利润分配"科目所属其他明细科目的余额结转至"未分配利润"明细科目	借：利润分配——未分配利润 贷：利润分配——提取法定/任意盈余公积 　　　　　——应付现金股利或利润

（二）盈余公积

盈余公积是指企业按规定从净利润中提取的企业积累资金。按照《中华人民共和国公司法》有关规定，公司制企业应按照净利润（减弥补以前年度亏损）的10%提取法定盈余公积。非公司制企业法定盈余公积的提取比例可超过净利润的10%。法定盈余公积累计额已达注册资本的50%时可以不再提取。

点睛 如果以前年度未分配利润有盈余（即年初未分配利润余额为正数），在计算提取法定盈余公积的基数时，不应包括企业年初未分配利润；如果以前年度有亏损（即年初未分配利润余额为负数），应先弥补以前年度亏损再提取盈余公积。

盈余公积的用途：一是用于弥补亏损；二是用于转增资本；三是用于发放现金股利或利润。

技能窗 盈余公积的账务处理如表8-4所示。

表8-4 盈余公积的账务处理

业务	账务处理
计提法定盈余公积	借：利润分配——提取法定盈余公积 贷：盈余公积——法定盈余公积
盈余公积弥补亏损	借：盈余公积 贷：利润分配——盈余公积补亏
盈余公积转增资本	借：盈余公积 贷：实收资本等
用盈余公积发放现金股利或利润	借：盈余公积 贷：应付股利

知识链接

知识锦囊

拓展提升

甲股份有限公司（简称"甲公司"），2021年度所有者权益相关情况如下。

（1）2021年年初未分配利润为600万元，资本公积为2000万元，盈余公积为3000万元。

（2）2月1日，为扩大经营规模，发行股票500万股，每股面值1元，每股发行价格为4元，按照发行收入的3%支付手续费和佣金。

（3）12月1日，经股东大会批准，以现金回购本公司股票600万股并注销，每股回购价格为3元。

任务解析

（4）2021年甲公司共实现净利润1000万元，按净利润的10%提取法定盈余公积，按净利润的5%提取任意盈余公积。

（5）2021年年末甲公司宣告发放现金股利100万元。

要求：根据上述资料，不考虑其他相关因素，分析回答下列问题（金额单位用万元表示）。

（1）下列各项中，能够引起甲公司所有者权益总额发生增减变动的是（　　）。

  A. 按净利润的10%计提法定盈余公积

  B. 向投资者宣告发放现金股利100万元

  C. 按净利润的5%计提任意盈余公积

  D. 注销本公司股票600万股

（2）2月1日，甲公司因发行股票应计入资本公积——股本溢价的金额为（　　）万元。

  A. 1440

  B. 1500

  C. 1515

  D. 2000

（3）12月1日，甲公司因注销库存股应该冲减的盈余公积为（　　）万元。

  A. 640

  B. 0

  C. 1000

  D. 540

（4）根据上述资料，2021年年末甲公司未分配利润科目的余额为（　　）万元。

  A. 1500

  B. 1000

  C. 1450

  D. 1350

任务2　利润业务处理

任务清单8-5　核算营业外收支业务

项目名称	任务清单内容
任务导入	假设宜诚公司发生如下经济业务。 （1）将固定资产报废清理的净收益78000元转作营业外收入。 （2）本期营业外收入总额为280000元，期末结转本年利润。 （3）发生原材料自然灾害损失580000元，经批准全部转作营业外支出。原材料采用实际成本进行日常核算。 （4）用银行存款支付税款滞纳金20000元。 （5）一项原值1000000元的非专利技术已被其他新技术所替代，公司决定将其转入报废处理，报废时已累计摊销200000元，未计提减值准备。 （6）本期营业外支出总额为660000元，期末结转本年利润
任务目标	认知营业外收支业务流程，能够对营业外收支业务进行账务处理
任务要求	根据任务导入，综合运用资源，完成以下任务。 （1）阐述营业外收支的业务处理流程； （2）完成宜诚公司关于营业外收支业务的账务处理
任务实施	1. 营业外收支增加和减少的业务处理流程 2. 宜诚公司关于营业外收支业务的账务处理
任务总结	通过完成上述任务，你学到了哪些知识或技能？
实施人员	
任务点评	

任务清单8-6　核算所得税费用业务

项目名称	任务清单内容
任务导入	宜诚公司2021年度利润总额（税前会计利润）为19800000元，所得税税率为25%。公司全年实发工资、薪金为2000000元，职工福利费300000元，工会经费50000元，职工教育经费210000元；经查，公司当年营业外支出中有120000元为税收滞纳罚金。公司递延所得税负债年初数为400000元，年末数为500000元；递延所得税资产年初数为250000元，年末数为200000元。假定公司全年无其他纳税调整因素。 　　企业所得税法规定，企业发生的合理的工资、薪金支出准予据实扣除；企业发生的职工福利费支出，不超过工资、薪金总额14%的部分准予扣除；企业拨缴的工会经费，不超过工资、薪金总额2%的部分准予扣除；除国务院财政、税务主管部门另有规定外，企业发生的职工教育经费支出，不超过工资、薪金总额8%的部分准予扣除，超过部分准予结转以后纳税年度扣除
任务目标	掌握所得税费用核算方法，能够对所得税费用相关业务进行账务处理
任务要求	根据任务导入，综合运用资源，完成以下任务。 （1）阐述所得税费用核算方法； （2）完成宜诚公司关于所得税费用业务的账务处理
任务实施	1.阐述所得税费用核算方法 2.宜诚公司关于所得税费用业务的账务处理 （1）计算纳税调整增加额： （2）计算应纳税所得额： （3）计算当期应交所得税税额： （4）计算递延所得税： （5）计算所得税费用： （6）编写所得税费用相关的会计分录：

续表

项目名称	任务清单内容
任务总结	通过完成上述任务,你学到了哪些知识或技能?
实施人员	
任务点评	

任务清单8-7　核算本年利润业务

项目名称	任务清单内容
任务导入	假设宜诚公司采用表结法年末一次结转损益类科目,所得税税率为25%,2021年有关损益类科目结账前的年末余额如下。<table><tr><th colspan="2">损益支出类</th><th colspan="2">损益收入类</th></tr><tr><td>主营业务成本</td><td>4000000</td><td>主营业务收入</td><td>6000000</td></tr><tr><td>其他业务成本</td><td>400000</td><td>其他业务收入</td><td>700000</td></tr><tr><td>税金及附加</td><td>80000</td><td>公允价值变动损益</td><td>150000</td></tr><tr><td>销售费用</td><td>500000</td><td>投资收益</td><td>1000000</td></tr><tr><td>管理费用</td><td>770000</td><td>营业外收入</td><td>50000</td></tr><tr><td>财务费用</td><td>200000</td><td></td><td></td></tr><tr><td>资产价值损失</td><td>100000</td><td></td><td></td></tr><tr><td>营业外支出</td><td>250000</td><td></td><td></td></tr></table>假设宜诚公司2021年度不存在所得税纳税调整因素
任务目标	掌握本年利润期末结转的方法,能够对本年利润相关业务进行账务处理
任务要求	根据任务导入,综合运用资源,完成以下任务。 1. 阐述本年利润结转的方法; 2. 完成宜诚公司关于本年利润的账务处理

续表

项目名称	任务清单内容
任务实施	1. 阐述本年利润期末结转的方法 2. 宜诚公司关于本年利润的账务处理 （1）将各损益类科目年末余额结转至"本年利润"科目： ① 结转各项收入、利得类科目。 ② 结转各项费用、损失类科目。 （2）计算宜诚公司税前会计利润： （3）计算应交所得税税额： ① 确认所得税费用。 ② 将"所得税费用"结转入"本年利润"科目。 （4）将"本年利润"年末余额转入"利润分配——未分配利润"科目：
任务总结	通过完成上述任务，你学到了哪些知识或技能？
实施人员	
任务点评	

岗位知识

一、利润

利润是指企业在一定会计期间的经营成果。利润包括收入减去费用后的净额、直接计入当期利润的利得和损失等。

未计入当期的利得和损失扣除所得税影响后的净额计入其他综合收益项目。净利润与其他综合收益的合计金额为综合收益总额。

技能窗 收入与利得以及费用与损失的联系与区别如表8-5所示。

表8-5 收入与利得以及费用与损失的联系与区别

项目	联系	区别
收入与利得	都会导致所有者权益增加，且与所有者投入资本无关	收入与日常活动有关，利得与非日常活动有关；收入是经济利益总流入，利得是经济利益净流入
费用与损失	都会导致所有者权益减少，且与向所有者分配利润无关	费用与日常活动有关，损失与非日常活动有关；费用是经济利益总流出，损失是经济利益净流出

与利润相关计算公式主要如下所述。

（一）营业利润

营业利润 = 营业收入 − 营业成本 − 税金及附加 − 销售费用 − 管理费用 − 财务费用 − 信用减值损失 − 资产减值损失 + 公允价值变动收益（−公允价值变动损失）+ 投资收益（−投资损失）+ 其他收益 + 资产处置收益（−资产处置损失）

其中：

营业收入是指企业经营业务所确认的收入总额，包括主营业务收入和其他业务收入。

营业成本是指企业经营业务所发生的实际成本总额，包括主营业务成本和其他业务成本。

（二）利润总额

利润总额 = 营业利润 + 营业外收入 − 营业外支出

（三）净利润

净利润 = 利润总额 − 所得税费用

其中，所得税费用是指企业确认的应从当期利润总额中扣除的所得税费用。

二、营业外收支

（一）营业外收入

营业外收入是指企业确认的与其日常活动无直接关系的各项利得。营业外收入主要包括非流动资产毁损报废收益、与企业日常活动无关的政府补助、盘盈利得、捐赠利得、债务重组利得等。

技能窗 营业外收入的账务处理如表8-6所示。

表8-6 营业外收入的账务处理

项目	账务处理
确认盘盈/捐赠利得	借：待处理财产损溢/库存现金等 贷：营业外收入
确认处置固定资产毁损报废收益时	借：固定资产清理 贷：营业外收入
期末结转	借：营业外收入 贷：本年利润 结转后，"营业外收入"科目应无余额

（二）营业外支出

营业外支出是指企业发生的与其日常活动无直接关系的各项损失，主要包括非流动资产毁损报废损失、公益性捐赠支出、盘亏损失、非常损失、罚款支出、非货币性资产交换损失、债务重组损失等。

技能窗 营业外支出的账务处理如表8-7所示。

表8-7 营业外支出的账务处理

项目	账务处理
非流动资产毁损报废损失	借：营业外支出 贷：固定资产清理/无形资产等
盘亏、罚款支出	借：营业外支出 贷：待处理财产损溢/银行存款等
期末结转	借：本年利润 贷：营业外支出 结转后，"营业外支出"科目应无余额

三、所得税费用

企业的所得税费用包括当期所得税和递延所得税两个部分，其中，当期所得税是指当期应交所得税。递延所得税包括递延所得税资产和递延所得税负债。递延所得税资产是指以未来期间很可能取得用来抵扣可抵扣暂时性差异的应纳税所得额为限确认的一项资产。递延所得税负债是指根据应纳税暂时性差异计算的未来期间应付所得税的金额。

（一）应交所得税的计算

应交所得税是指企业按照企业所得税法规定计算确定的针对当期发生的交易和事项，应缴纳给税务部门的所得税金额，即当期应交所得税。应纳税所得额是在企业税前会计利润（即利润总额）的基础上调整确定的，计算公式为

应纳税所得额＝税前会计利润＋纳税调整增加额－纳税调整减少额

企业当期所得税的计算公式为

应交所得税＝应纳税所得额×所得税税率

点睛 纳税调整增加额主要包括企业所得税法规定允许扣除项目中企业已计入当期费用但超过税法规定扣除标准的金额（如超过企业所得税法规定标准的职工福利费、工会经费、职工教育经费、业务招待费、公益性捐赠支出、广告费和业务宣传费等），以及企业已计入当期损失但企业所得税法规定不允许扣除项目的金额（如税收滞纳金、罚金、罚款）。

纳税调整减少额主要包括企业所得税法规定允许弥补的亏损和准予免税的项目，如前5年内未弥补亏损和国债利息收入等。

> **职业判断** 甲公司2021年度全年利润总额（即税前会计利润）为10800000元，其中包括本年收到的国库券利息收入500000元，所得税税率为25%。假定甲公司本年无其他纳税调整因素，试判断甲公司当期应纳税所得额和当期应交所得税额分别是多少。

（二）所得税费用的账务处理

企业根据会计准则的规定，计算确定的当期所得税和递延所得税之和，即为应从当期利润总额中扣除的所得税费用。即：

所得税费用 = 当期所得税 + 递延所得税

递延所得税 =（递延所得税负债的期末余额 - 递延所得税负债的期初余额）-（递延所得税资产的期末余额 - 递延所得税资产的期初余额）

企业应通过"所得税费用"科目，核算企业所得税费用的确认及其结转情况。期末，应将"所得税费用"科目的余额转入"本年利润"科目，借记"本年利润"科目，贷记"所得税费用"科目，结转后，"所得税费用"科目应无余额。

四、本年利润

会计期末，结转本年利润的方法有表结法和账结法两种。

1. 表结法

表结法下，各损益类科目每月末只需结计出本月发生额和月末累计余额，不结转到"本年利润"科目，只有在年末时才将全年累计余额结转入"本年利润"科目。但每月末要将损益类科目的本月发生额合计数填入利润表的本月数栏，同时将本月末累计余额填入利润表的本年累计数栏，通过利润表计算反映各期的利润（或亏损）。表结法下，年中损益类科目无须结转入"本年利润"科目，从而减少了转账环节和工作量，同时并不影响利润表的编制及有关损益指标的利用。

2. 账结法

账结法下，每月末均需编制转账凭证，将在账上结计出的各损益类科目的余额结转入"本年利润"科目。结转后"本年利润"科目的本月余额反映当月实现的利润或发生的亏损，"本年利润"科目的本年余额反映本年累计实现的利润或发生的亏损。账结法在各月均可通过"本年利润"科目提供当月及本年累计的利润（或亏损）额，但增加了转账环节和工作量。

技能窗 本年利润的账务处理如表8-8所示。

表8-8 本年利润的账务处理

业务	账务处理
将收入、利得等科目的余额分别转入"本年利润"科目的贷方	借：主营业务收入/其他业务收入/营业外收入 贷：本年利润
将费用、损失等科目的余额转入"本年利润"的借方	借：本年利润 贷：主营业务成本/其他业务成本/税金及附加/销售费用/管理费用/财务费用/信用减值损失/资产减值损失/营业外支出
将"公允价值变动损益""投资收益""资产处置损益""其他收益"科目的余额转入"本年利润"科目	借：公允价值变动损益/投资收益/资产处置损益/其他收益 贷：本年利润 （如为借方余额，作相反的会计分录）
结转"所得税费用"科目	借：本年利润 贷：所得税费用
年度终了，结转"本年利润"	借：本年利润 贷：利润分配——未分配利润 （如为借方余额，作相反的会计分录）

知识链接

知识锦囊

拓展提升

甲公司2021年度全年会计利润总额（即税前会计利润）为10200000元，其中包括本年实现的国债利息收入200000元，所得税税率为25%。按照企业所得税法的有关规定，企业购买国债的利息收入免交所得税，即在计算应纳税所得额时可将其扣除。假定甲公司全年无其他纳税调整因素。

任务解析

要求：计算甲公司当期应交所得税税额，并编写相关会计分录。

知识测试与能力训练

一、单项选择题

1. 以下哪一项不属于所有者权益所包含的内容（   ）。
   A. 实收资本　　　　　　　　　　B. 资本公积
   C. 短期借款　　　　　　　　　　D. 留存收益
2. 按照《中华人民共和国公司法》的有关规定，公司制企业应当按照净利润（减弥补以前年度亏损）的（   ）提取法定盈余公积。
   A. 20%　　　　　　　　　　　　B. 10%
   C. 15%　　　　　　　　　　　　D. 30%
3. M公司2021年度应纳税所得额为2500万元，递延所得税资产期初余额50万元，期末余额20万元，递延所得税负债期初余额100万元，期末余额80万元，M公司适用的企业所得税税率为25%，则M公司2021年度应确认的所得税费用为（   ）万元。
   A. 625　　　　　　　　　　　　B. 635
   C. 655　　　　　　　　　　　　D. 645
4. 《中华人民共和国公司法》等法律规定，资本公积的用途主要是用于（   ）。
   A. 分配给投资者　　　　　　　　B. 弥补亏损
   C. 转增资本（股本）　　　　　　D. 以上三项都不是
5. 盈余公积是指企业按规定从（   ）中提取的企业积累资金。
   A. 营业利润　　　　　　　　　　B. 净利润
   C. 利润总额　　　　　　　　　　D. 营业收入

二、多项选择题

1. 企业发生的下列交易或事项不会直接影响营业利润的有（   ）。
   A. 诉讼费　　　　　　　　　　　B. 计提的坏账准备
   C. 进口环节缴纳的关税　　　　　D. 固定资产盘亏
2. 下列各项中，不应确认为营业外收入的有（   ）。
   A. 存货盘盈　　　　　　　　　　B. 固定资产出租收入
   C. 固定资产盘盈　　　　　　　　D. 无法查明原因的现金溢余
3. 下列各项中，影响当期利润表中利润总额的有（   ）。
   A. 固定资产盘盈　　　　　　　　B. 所得税费用
   C. 对外捐赠固定资产　　　　　　D. 无形资产处置利得

4. 企业下列会计科目中，期末余额应结转到"本年利润"科目的有（　　）。
   A. 所得税费用　　　　　　　　　B. 资产减值损失
   C. 投资收益　　　　　　　　　　D. 公允价值变动损益
5. 下列各项中，影响利润表"所得税费用"项目金额的有（　　）。
   A. 当期应交所得税　　　　　　　B. 递延所得税收益
   C. 递延所得税费用　　　　　　　D. 代扣代缴个人所得税

三、判断题

1. 企业需在每月月末将本年利润的余额结转至利润分配。（　　）
2. 营业外支出是指企业发生的与其日常活动无直接关系的各项损失。（　　）
3. 企业的利得或损失是非日常活动中形成的。（　　）
4. 月份终了时"本年利润"科目无余额。（　　）
5. "本年利润"科目借方余额代表企业亏损，贷方余额代表企业盈利。（　　）

四、不定项选择题

永发公司（工业企业）为增值税一般纳税人，2022年2月发生如下交易或事项：
（1）销售A商品一批，开具的增值税专用发票注明的价款为220万元，增值税税额为28.6万元，货款已收取。该批商品的成本为160万元。
（2）销售原材料一批，开具的增值税专用发票注明的价款为2万元，增值税税额为0.26万元，销售款已收取。该批原材料的成本为1.8万元。
（3）收取设备租金10万元（不考虑增值税），已知该设备的月折旧额为3.5万元。
（4）出售闲置机器设备一台，该设备原值850万元，已提折旧760万元，清理过程中以银行存款支付清理费用10万元，取得变价收入90万元（不考虑增值税）。
（5）当月发生管理费用12万元，销售费用5万元，财务费用1万元。
要求：根据上述资料，不考虑相关税费对损益的影响，分析回答下列问题。（答案中金额单位用万元表示）

1. 下列关于永发公司账务处理的表述中，正确的是（　　）。
   A. 永发公司销售原材料取得的收入应计入其他业务收入
   B. 永发公司取得租金收入应计入其他业务收入
   C. 永发公司取得固定资产的变价收入应计入其他业务收入
   D. 永发公司取得A商品的销售收入应计入其他业务收入
2. 永发公司2022年2月的营业收入为（　　）万元。
   A. 220　　　　　　　　　　　　　B. 232
   C. 222　　　　　　　　　　　　　D. 230

3. 永发公司2022年2月的营业利润为（　　）万元。
   A. 48.7　　　　　　　　　　B. 38.7
   C. 42.2　　　　　　　　　　D. 66.7
4. 永发公司出售固定资产时应当编制的会计分录为（　　）。
   A. 结转固定资产账面价值：
      借：固定资产清理　　　　　　90
      　　累计折旧　　　　　　　　760
      贷：固定资产　　　　　　　　850
   B. 支付清理费用：
      借：固定资产清理　　　　　　10
      贷：银行存款　　　　　　　　10
   C. 收到变价收入：
      借：银行存款　　　　　　　　90
      贷：固定资产清理　　　　　　90
   D. 结转清理净损益
      借：资产处置收益　　　　　　10
      贷：固定资产清理　　　　　　10
5. 永发公司2022年2月的利润总额为（　　）万元。
   A. 48.7　　　　B. 66.7　　　　C. 32.2　　　　D. 38.7

五、业务操作题

A股份有限公司（简称A公司）属于增值税一般纳税人，A公司2021年度发生的有关交易或事项资料如下：

（1）以盈余公积转增资本1000万元；

（2）以盈余公积补亏500万元；

（3）计提法定盈余公积100万元，计提任意盈余公积50万元；

（4）宣告发放现金股利600万元；

（5）因自然灾害毁损原材料一批，账面价值100万元，增值税进项税额13万元，尚未批准处理；

（6）持有的交易性金融资产公允价值上升60万元；

（7）回购本公司股票300万股并注销，每股面值1元，回购价格为5元，注销前"资本公积——股本溢价"科目的贷方余额为1600万元。

要求：根据上述资料，不考虑其他相关因素，做出相关的账务处理。（答案中金额单位用万元表示）

知识测试与能力训练解析

模块九
总账与报表岗位业务

岗位职责
- 协助单位会计机构负责人或会计主管人员组织会计工作，参与单位会计核算体系的建立以及会计科目表的制定、修改及其使用说明的编制。
- 负责设置并登记总账，并与日记账和明细分类账核对。
- 负责编制资产负债表、利润表等会计报表。
- 负责财务会计报告的送审、报批，配合中介机构年报的审计工作。
- 负责管理会计凭证和财务会计报表。
- 协助单位会计机构负责人或会计主管人员，贯彻实施会计法规，参与本单位财务管理规定、办法的起草、制定、修订工作，起草本单位会计核算制度。

知识目标
- 了解财务报告的构成。
- 把握财务报告的种类。
- 明确财务会计报告的编制要求。
- 掌握会计报表的编制方法。
- 了解会计报表附注。

能力目标
- 能够正确编制资产负债表。
- 能够正确编制利润表。
- 能够正确编制现金流量表。
- 能够正确编制所有者权益变动表。

素质目标
- 培养诚实守信的工作素养。
- 关注数据之间的勾稽关系，培养全局意识。

任务1　认识财务报告

任务清单9-1　认识财务报告认知

项目名称	任务清单内容
任务导入	宜诚公司以持续经营为基础，根据实际发生的交易和事项，按照《企业会计准则——基本准则》和其他各项会计准则的规定进行确认和计量，该公司2021会计年度业务已经结束，对账与结账工作均已完成，在此基础上编制年度财务报告
任务目标	了解财务报告的构成，掌握财务报告的种类，明确财务报告的编制要求
任务要求	根据任务导入，综合运用资源，完成以下任务。 （1）阐述财务报告的构成和种类； （2）阐述财务报告的编制要求
任务实施	1. 财务报告的构成和种类 2. 财务报告的编制
任务总结	通过完成上述任务，你学到了哪些知识或技能？
实施人员	
任务点评	

岗位知识

一、财务报告构成

财务会计报告是企业对外提供的反映企业某一特定日期财务状况和某一会计期间经营成果、现金流量等会计信息的文件。

财务报告包括财务报表和其他应当在财务报告中披露的相关信息和资料。一份完整的企业财务会计报告应包括财务报表、财务报表附注和财务情况说明书,如图9-1所示。

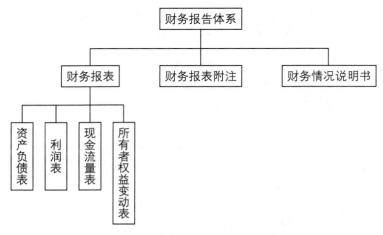

图9-1 财务报告体系

二、财务报告的种类

企业对外提供的财务报告应该满足及时性的要求,在每个会计期末编制。财务报告按编制的时间分为年度财务报告和中期财务报告。中期财务报告又分为月度财务报告、季度财务报告和半年度财务报告。

月度中期财务会计报告应在月度终了后6天内(节假日顺延,下同)对外提供;季度中期财务报告应于季度终了后15天内对外提供;半年度中期财务会计报告应于年度中期结束后60天内对外提供;年度财务会计报告应于年度终了后4个月内对外提供。

三、财务会计报告的编制要求

由于财务会计报告有着重要的作用,而财务会计报告的质量决定了其发挥作用的程度。因此各企业必须根据会计制度的有关规定,按照以下四点要求,认真地编制财务会计报告。

1. 真实可靠

财务会计报告是一个信息系统,要求各项数字真实,以客观地反映企业的财务状况、经营成果和现金流量,不得匡计数据,更不得弄虚作假,隐瞒谎报数据。

2. 全面完整

财务会计报告必须全面地反映企业的财务状况、经营成果和现金流量,各财务会计报告之间、财务会计报告的各项指标之间是相互联系、互为补充的。因此,企业要按照国家统一规定的报表种类、格式和内容进行填报,不得漏编、漏报。

3. 编报及时

财务会计报告必须在规定的期限内及时报送,使投资者、债权人、财政、税务和上级主管部门及时了解企业的财务状况、经营成果和现金流量,以保证会计信息的使用者进行决策时的时效性。

4. 便于理解

企业对外提供的会计报告是为会计报告使用者提供的决策所需的会计信息资料,编制的财务报告应当清晰明了,便于使用者阅读理解。

知识链接

知识锦囊

拓展提升

财务经理安排实习生小刘练习编制本月的资产负债表,小刘编制完毕发现资产不等于负债及所有者权益之和,资产少了0.4元,小刘认为差额很小,没有查找具体原因就直接调平了。请你判断一下,小刘的做法是否正确?

任务解析

任务2 编制资产负债表

任务清单9-2　编制资产负债表

项目名称	任务清单内容
任务导入	宜诚公司2021年12月31日的科目余额数据如表9-1所示
任务目标	掌握资产负债表项目的填列方法，能够编制资产负债表
任务要求	根据任务导入，综合运用资源，编制宜诚公司2021年12月31日的资产负债表，如表9-2所示
任务实施	请按表9-2所列项目，完成资产负债表的编写
任务总结	通过完成上述任务，你学到了哪些知识或技能？
实施人员	
任务点评	

表9-1 宜诚公司2021年12月31日科目余额表

单位：元

资产科目	借方余额	贷方余额	负债及所有者权益科目	借方余额	贷方余额
库存现金	12000		短期借款		200000
银行存款	404250		应付票据		265000
其他货币资金	36000		应付账款		577000
应收票据	270000		-A公司	301000	
应收账款	270000		-B公司		900000
-甲公司	321000		-C公司		28000
-乙公司		51000	-D公司	50000	
坏账准备		2000	应付职工薪酬		64000
其他应收款	26000		其他应付款		50000
应收利息	4000		应付利息		10000
应收股利	16000		应付股利		10000
生产成本	50000		应交税费		246500
原材料	200000		长期借款		200000（其中有50000元一年内到期）
库存商品	150000		实收资本		600000
固定资产	1200000		盈余公积		12750
累计折旧		350000	利润分配（未分配利润）		51000
合计	2286250		合计		2286250

表9-2 资产负债表

会企01表

编制单位：　　　　　　　　　　年　月　日　　　　　　　　　　单位：元

资产	期末余额	上年年末余额	负债和所有者权益（或股东权益）	期末余额	上年年末余额
流动资产：			流动负债：		
货币资金			短期借款		
交易性金融资产			交易性金融负债		
衍生金融资产			衍生金融负债		
应收票据			应付票据		

续表

资产	期末余额	上年年末余额	负债和所有者权益（或股东权益）	期末余额	上年年末余额
应收账款			应付账款		
预付款项			预收款项		
其他应收款			合同负债		
存货			应付职工薪酬		
合同资产			应交税费		
持有待售资产			其他应付款		
一年内到期的非流动资产			持有待售负债		
其他流动资产			一年内到期的非流动负债		
流动资产合计			其他流动负债		
非流动资产：			流动负债合计		
债权投资			非流动负债：		
其他债权投资			长期借款		
长期应收款			应付债券		
长期股权投资			其中：优先股		
其他权益工具投资			永续债		
其他非流动金融资产			长期应付款		
投资性房地产			预计负债		
固定资产			递延收益		
在建工程			递延所得税负债		
生产性生物资产			其他非流动负债		
油气资产			非流动负债合计		
无形资产			负债合计		
开发支出			所有者权益（或股东权益）：		
商誉			实收资本（或股本）		
长期待摊费用			其他权益工具		
递延所得税资产			其中：优先股		
其他非流动资产			永续债		
非流动资产合计			资本公积		

续表

资产	期末余额	上年年末余额	负债和所有者权益（或股东权益）	期末余额	上年年末余额
			减：库存股		
			其他综合收益		
			盈余公积		
			未分配利润		
			所有者权益（或股东权益）合计		
资产总计			负债和所有者权益（或股东权益）总计		

岗位知识

一、认识资产负债表

资产负债表是反映企业在某一特定日期的财务状况的报表。它是一张揭示企业在一定时点财务状况的静态报表，是根据资产、负债和所有者权益之间的平衡关系，将日常经营活动的信息按照一定的规则加工而成的。资产负债表一般由表头、表体两部分组成。表头部分应列明报表名称、编表单位名称、编制日期、报表编号和计量单位；表体部分是资产负债表的主体和核心，反映资产、负债和所有者权益的内容。资产负债表反映企业在某一特定日期所拥有或控制的经济资源、所承担的现有义务和所有者对净资产的要求权，有助于使用者了解企业的资产规模与结构，分析企业的偿债能力等情况，也可以预测企业财务状况的发展趋势，为经济决策提供依据。

资产负债表的格式一般有账户式和报告式，报告式资产负债表将资产负债表的项目按照资产、负债和所有者权益的顺序由上而下排列。账户式资产负债表将表分为左右两方，左方为资产，右方为负债和所有者权益，左方的资产总计等于右方的负债和所有者权益总计。我国的资产负债表采用账户式结构。

二、资产负债表的编制

（一）资产负债表项目的填列方法

资产负债表各项目均需填列"期末余额"和"上年年末余额"两栏。

资产负债表的"上年年末余额"栏内各项数字，应根据上年年末资产负债表的"期末余额"栏内所列数字填列。

如果上年度资产负债表规定的各个项目的名称和内容与本年度不一致，应按照本年度的规定对上年年末资产负债表各项目的名称和数字进行调整，填入本表"上年年末余额"栏内。

资产负债表的"期末余额"栏内各项数字，其填列方法如下所述。

1. 根据总账账户余额填列

（1）根据总账科目的期末余额填列，如"短期借款""资本公积"等项目。

（2）根据几个总账科目的期末余额计算填列，如"货币资金"项目，需根据"库存现金""银行存款""其他货币资金"三个总账科目的期末余额合计数填列。

2. 根据明细账科目余额计算填列

（1）"应收账款"项目，需要根据"应收账款"和"预收账款"科目所属各明细科目的期末借方余额减去与"应收账款"和"预收账款"有关的坏账准备贷方余额计算填列。

（2）"预付款项"项目，需要根据"预付账款"和"应付账款"科目所属各明细科目的期末借方余额减去与"预付账款"和"应付账款"有关的坏账准备贷方余额计算填列。

（3）"应付账款"项目，需要根据"应付账款"和"预付账款"科目所属各明细科目的期末贷方余额合计数填列。

（4）"预收款项"项目，需要根据"预收账款"和"应收账款"科目所属各明细科目的期末贷方余额合计数填列。

（5）"开发支出"项目，需要根据"研发支出"科目中所属的"资本化支出"明细科目期末余额计算填列。

（6）"一年内到期的非流动资产""一年内到期的非流动负债"项目，需要根据有关非流动资产和非流动负债项目的明细科目余额计算填列。

（7）"未分配利润"项目，需要根据"利润分配"科目中所属的"未分配利润"明细科目期末余额填列。

3. 根据总账科目和明细账科目余额分析计算填列

（1）"长期借款"项目，需要根据"长期借款"总账科目余额扣除"长期借款"科目所属的明细科目中将在一年内到期且企业不能自主地将清偿义务展期的长期借款后的金额计算填列。

（2）"其他非流动资产"项目，根据有关科目的期末余额减去将于一年内（含一年）收回数后的金额计算填列。

（3）"其他非流动负债"项目，应根据有关科目的期末余额减去将于一年内（含一年）到期偿还数后的金额计算填列。

4.根据有关科目余额减去其备抵科目余额后的净额填列

（1）资产负债表中"应收票据""长期股权投资""在建工程"等项目，应当根据"应收账款""长期股权投资""在建工程"等科目的期末余额减去"坏账准备""长期股权投资减值准备""在建工程减值准备"等备抵科目余额后的净额填列。

（2）"固定资产"项目，应当根据"固定资产"科目的期末余额，减去"累计折旧""固定资产减值准备"等备抵科目的期末余额，以及"固定资产清理"科目期末余额后的净额填列。

（3）"无形资产"项目，应当根据"无形资产"科目的期末余额，减去"累计摊销""无形资产减值准备"等备抵科目余额后的净额填列。

5.综合运用上述填列方法分析填列

如资产负债表中的"存货"项目，需要根据"原材料""库存商品""委托加工物资""周转材料""材料采购""在途物资""发出商品""材料成本差异"等总账科目期末余额的分析汇总数，再减去"存货跌价准备"科目余额后的净额填列。

（二）资产负债表项目的填列说明

资产负债表中资产、负债和所有者权益主要项目的填列说明如下。

1.资产项目的填列说明

（1）"货币资金"项目，反映企业在经营活动中处于货币状态的资产。本项目应根据"库存现金""银行存款""其他货币资金"科目期末余额的合计数填列。

> **点睛**　"货币资金"＝"库存现金"＋"银行存款"＋"其他货币资金"

（2）"交易性金融资产"项目，主要指以公允价值计量且其变动计入当期损益的金融资产。常见的有企业以赚取差价为目的从二级市场购入的股票、基金、债券等。有些金融资产在初始确认时，如果能够消除或显著减少会计错配，企业也可以将其指定为以公允价值计量且其变动计入当期损益的金融资产。该项目应根据"交易性金融资产"科目的相关明细科目期末余额分析填列。自资产负债表日起超过一年到期且预期持有超过一年的以公允价值计量且其变动计入当期损益的非流动金融资产的期末账面价值，在"其他非流动金融资产"项目反映。

（3）"应收票据"项目，是指企业因为销售商品、提供劳务等而收到的商业汇票，包括商业承兑汇票和银行承兑汇票。应收票据项目是根据"应收票据"科目的期末余额，减去相关"坏账准备"科目期末余额后的金额填列的。

（4）"应收账款"项目，反映资产负债表日以摊余成本计量的、企业因销售商品、提供服务等经营活动应收取的款项，该项目应根据"应收账款"科目和"预收账款"科目所属明细期末借方余额合计数，减去"坏账准备"科目中相关坏账准备期末余额后的金额填列。

> **点睛** "应收账款" = "应收账款"和"预收账款"科目所属各明细科目的期末借方余额合计数 – "应收账款坏账准备"

（5）"预付款项"项目，反映资产负债表日企业按照购货合同规定预付给供应单位的款项等。本项目应根据"预付账款"和"应付账款"科目所属各明细科目的期末借方余额合计数，减去"坏账准备"科目中有关预付账款计提的坏账准备期末余额后的净额填列。如"预付账款"科目所属明细科目期末有贷方余额的，应在资产负债表"应付账款"项目内填列。

> **点睛** "预付款项" = "预付账款"和"应付账款"科目所属各明细科目的期末借方余额合计数，减去"预付账款坏账准备"

（6）"其他应收款"项目，反映企业除应收票据及应收账款、预付账款等经营活动以外的其他各种应收、暂付的款项。本项目应根据"应收利息""应收股利""其他应收款"科目的期末余额合计数，减去"坏账准备"科目中相关坏账准备期末余额后的金额填列。

> **点睛** "其他应收款" = "应收利息" + "应收股利" + "其他应收款" – "坏账准备"

（7）"存货"项目，反映企业期末在库、在途和在加工中的各种存货的可变现净值或成本（成本与可变现净值孰低）。本项目应根据"材料采购""原材料""低值易耗品""库存商品""周转材料""委托加工物资""委托代销商品""生产成本""受托代销商品"等科目的期末余额合计数，减去"受托代销商品款""存货跌价准备"科目期末余额后的净额填列。材料采用计划成本核算，以及库存商品采用计划成本核算或售价核算的企业，还应按加或减材料成本差异、商品进销差价后的金额填列。

> **点睛** "存货" = "材料采购""原材料""低值易耗品""库存商品""周转材料""委托加工物资""委托代销商品""生产成本""受托代销商品"等科目的期末余额合计数 – "受托代销商品款" – "存货跌价准备" + 超支差（或 – 节约差）

（8）"合同资产"项目，反映企业按照《企业会计准则第14号——收入》（2017年修订）的相关规定，根据本企业履行履约义务与客户付款之间的关系在资产负债表中列示合同资产。"合同资产"项目应根据"合同资产"科目的相关明细科目期末余额分析填列。

（9）"持有待售资产"项目，反映资产负债表日划分为持有待售类别的非流动资产及划分为持有待售类别的处置组中的流动资产和非流动资产的期末账面价值，应根据"持有待售资产"科目的期末余额，减去"持有待售资产减值准备"科目的期末余额后的金额填列。

（10）"一年内到期的非流动资产"项目，反映企业将于一年内到期的非流动资产项目金额。本项目应根据有关科目的期末余额分析填列。

（11）"债权投资"项目，反映资产负债表日企业以摊余成本计量的长期债权投资的期末账面价值。该项目应根据"债权投资"科目的相关明细科目期末余额，减去"债权投资减值准备"科目中相关减值准备的期末余额后的金额分析填列。自资产负债表日起一年内到期的长期债权投资的期末账面价值，在"一年内到期的非流动资产"项目反映。企业购入的以摊余成本计量的一年内到期的债权投资的期末账面价值，在"其他流动资产"项目反映。

（12）"其他债权投资"项目，反映资产负债表日企业分类为以公允价值计量且其变动计入其他综合收益的长期债权投资的期末账面价值。该项目应根据"其他债权投资"科目的相关明细科目期末余额分析填列。自资产负债表日起一年内到期的长期债权投资的期末账面价值，在"一年内到期的非流动资产"项目反映。企业购入的以公允价值计量且其变动计入其他综合收益的一年内到期的债权投资的期末账面价值，在"其他流动资产"项目反映。

（13）"长期应收款"项目，反映企业融资租赁产生的应收款项和采用递延方式分期收款、实质上具有融资性质的销售商品和提供劳务等经营活动产生的应收款项。本项目应根据"长期应收款"科目的期末余额，减去相应的"未实现融资收益"科目和"坏账准备"科目所属相关明细科目期末余额后的金额填列。

（14）"长期股权投资"项目，反映投资方对被投资单位实施控制、重大影响的权益性投资，以及对其合营企业的权益性投资。本项目应根据"长期股权投资"科目的期末余额，减去"长期股权投资减值准备"科目的期末余额后的净额填列。

（15）"其他权益工具投资"项目，反映资产负债表日企业指定为以公允价值计量且其变动计入其他综合收益的非交易性权益工具投资的期末账面价值。该项目应根据"其他权益工具投资"科目的期末余额填列。

（16）"固定资产"项目，反映资产负债表日企业固定资产的期末账面价值和企业尚未清理完毕的固定资产清理净损益。该项目应根据"固定资产"科目的期末余额，减去"累计折旧"和"固定资产减值准备"科目的期末余额后的金额，以及"固定资产清理"科目的期末余额填列。

> **点睛** "固定资产"净额＝"固定资产"期末余额－"累计折旧"－"固定资产减值准备"＋"固定资产清理"借方余额（或－贷方余额）

（17）"在建工程"项目，反映资产负债表日企业尚未达到预定可使用状态的在建工程的期末账面价值和企业为在建工程准备的各种物资的期末账面价值。该项目应根据"在建工程"科目的期末余额，减去"在建工程减值准备"科目的期末余额后的金额，以及"工程物资"科目的期末余额，减去"工程物资减值准备"科目的期末余额后的金额填列。

（18）"无形资产"项目，反映企业持有的专利权、非专利技术、商标权、著作权、土地使用权等无形资产的成本减去累计摊销和减值准备后的净值。本项目应根据"无形资产"科目的期末余额，减去"累计摊销"和"无形资产减值准备"科目期末余额后的净额填列。

（19）"开发支出"项目，反映企业开发无形资产过程中能够资本化形成无形资产成本的支出部分，应当根据"研发支出"科目中所属的"资本化支出"明细科目期末余额填列。

（20）"长期待摊费用"项目，反映企业已经发生但应由本期和以后各期负担的分摊期限在一年以上的各项费用。长期待摊费用中在一年内（含一年）摊销的部分，在资产负债表"一年内到期的非流动资产"项目填列。本项目应根据"长期待摊费用"科目的期末余额减去将于一年内（含一年）摊销的数额后的金额分析填列。

（21）"递延所得税资产"项目，反映企业根据所得税准则确认的可抵扣暂时性差异产生的递延所得税资产，本项目应根据"递延所得税资产"科目的期末余额填列。

（22）"其他非流动资产"项目，反映企业除上述非流动资产以外的其他非流动资产。本项目应根据有关科目的期末余额填列。

2. 负债项目的填列说明

（1）"短期借款"项目，反映企业向银行或其他金融机构等借入的期限在一年以下（含一年）的各种借款。本项目应根据"短期借款"科目的期末余额填列。

（2）"交易性金融负债"项目，反映企业资产负债表日承担的交易性金融负债，以及企业持有的直接指定为以公允价值计量且其变动计入当期损益的金融负债的期末账面价值。本项目应根据"交易性金融负债"科目的相关明细科目期末余额填列。

（3）"应付票据"项目，反映资产负债表日企业因购买材料、商品和接受服务等经营活动开出、承兑的商业汇票，包括银行承兑汇票和商业承兑汇票。该项目应根据"应付票据"科目的期末余额填列。

（4）"应付账款"项目，反映资产负债表日企业因购买材料、商品和接受服务等经营活动应支付的款项。该项目应根据"应付账款"和"预付账款"科目所属的相关明细科目的期末贷方余额合计数填列。

> **点睛** "应付账款"＝"应付账款"和"预付账款"科目所属各明细科目的期末贷方余额合计数

（5）"预收款项"项目，反映企业按照销货合同规定预收客户的款项。应根据"预收账款"和"应收账款"科目所属各明细科目的期末贷方余额合计数填列。如"预收账款"科目所属明细科目期末有借方余额的，应在资产负债表"应收账款"项目内填列。

> **点睛**　"预收款项"＝"预收账款"和"应收账款"科目所属各明细科目的期末贷方余额合计数

（6）"合同负债"项目，反映企业已收或应收客户对价而应向客户转让商品的义务。根据本企业履行履约义务与客户付款之间的关系在资产负债表中列示合同负债。该项目应根据"合同负债"的相关明细科目期末余额分析填列。

（7）"应付职工薪酬"项目，反映企业为获得职工提供的服务或解除劳动关系而给予的各种形式的报酬或补偿。企业提供给职工配偶、子女、受赡养人、已故员工遗属及其他受益人等的福利，也属于职工薪酬。职工薪酬主要包括短期薪酬、离职后福利、辞退福利和其他长期职工福利。本项目应根据"应付职工薪酬"科目所属各明细科目的期末贷方余额分析填列。外商投资企业按规定从净利润中提取的职工奖励及福利基金，也在本项目列示。

（8）"应交税费"项目，反映企业按照税法规定计算应缴纳的各种税费，包括增值税、消费税、资源税、土地增值税、城市维护建设税、房产税、城镇土地使用税、车船税、教育费附加、企业所得税、矿产资源补偿费等。企业代扣代缴的个人所得税，也通过本项目列示。企业所缴纳的税金不需要预计应交数的，如印花税、耕地占用税等，不在本项目列示。本项目应根据"应交税费"科目的期末贷方余额填列，如"应交税费"科目期末为借方余额，应以"－"号填列。

（9）"其他应付款"项目，反映企业除应付票据、应付账款、预收账款、应付职工薪酬、应交税费等经营活动以外的其他各项应付、暂收的款项。本项目应根据"应付股利""应付利息""其他应付款"科目的期末余额合计数填列。

> **点睛**　"其他应付款"＝"应付利息"＋"应付股利"＋"其他应付款"科目余额

（10）"一年内到期的非流动负债"项目，反映企业非流动负债中将于资产负债表日后一年内到期部分的金额，如将于一年内偿还的长期借款。本项目应根据有关科目的期末余额分析填列。

（11）"长期借款"项目，反映企业向银行或其他金融机构借入的期限在一年以上（不含一年）的各项借款。本项目应根据"长期借款"科目的期末余额，扣除"长期借款"科目所属的明细科目中将在资产负债表日起一年内到期且企业不能自主地将清偿义务展期的长期借款后的金额计算填列。

（12）"应付债券"项目，反映企业为筹集长期资金而发行的债券本金（和利息）。

本项目应根据"应付债券"总账科目余额扣除"应付债券"科目所属的明细科目中将在一年内到期且企业不能自主的将清偿义务展期的应付债券后的余额计算填列。

（13）"长期应付款"项目，反映除了长期借款和应付债券以外的其他各种长期应付款。主要有应付补偿贸易引进设备款、采用分期付款方式购入固定资产和无形资产发生的应付账款、应付融资租入固定资产租赁费等。该项目应当根据"长期应付款"科目的期末余额，减去相关的"未确认融资费用"科目的期末余额后的金额，以及"专项应付款"科目的期末余额，再减去所属相关明细科目中将于一年内到期的部分后的金额填列。

（14）"预计负债"项目，反映企业根据或有事项等相关准则确认的各项预计负债，包括对外提供担保、未决诉讼、产品质量保证、重组义务以及固定资产和矿区权益弃置义务等产生的预计负债。本项目应根据"预计负债"科目的期末余额填列。

（15）"递延收益"项目，反映尚待确认的收入或收益。本项目核算包括企业根据政府补助准则确认的应在以后期间计入当期损益的政府补助金额、售后租回形成融资租赁的售价与资产账面价值差额等其他递延性收入。本项目应根据"递延收益"科目的期末余额填列。

（16）"递延所得税负债"项目，反映企业根据所得税准则确认的应纳税暂时性差异产生的所得税负债。本项目应根据"递延所得税负债"科目的期末余额填列。

（17）"其他非流动负债"项目，反映企业除上述非流动负债以外的其他非流动负债。本项目应根据有关科目的期末余额，减去将于一年内（含一年）到期偿还数后的余额分析填列。非流动负债各项目中将于一年内（含一年）到期的非流动负债，应在"一年内到期的非流动负债"项目内反映。

（18）"持有待售负债"项目，反映资产负债表日处置组中与划分为持有待售类别的资产直接相关的负债的期末账面价值。本项目应根据"持有待售负债"科目的期末余额填列。

3. 所有者权益项目的填列说明

（1）"实收资本（或股本）"项目，反映企业各投资者实际投入的资本（或股本）总额。本项目应根据"实收资本（或股本）"科目的期末余额填列。

（2）"其他权益工具"项目，反映企业发行的除普通股以外分类为权益工具的金融工具的账面价值，并下设"优先股"和"永续债"两个项目，分别反映企业发行的分类为权益工具的优先股和永续债的账面价值。

（3）"资本公积"项目，反映企业收到投资者出资超出其在注册资本或股本中所占的份额以及直接计入所有者权益的利得和损失等，应根据"资本公积"科目的期末余额填列。

（4）"其他综合收益"项目，反映企业其他综合收益的期末余额，应根据"其他综合收益"科目的期末余额填列。

（5）"盈余公积"项目，反映企业盈余公积的期末余额，应根据"盈余公积"科目的期末余额填列。

（6）"未分配利润"项目，反映企业尚未分配的利润，应根据"本年利润"科目和"利润分配"科目的余额计算填列。未弥补的亏损在本项目内以"－"号填列。

知识链接

知识锦囊

拓展提升

某企业2021年12月31日长期借款明细科目反映情况如表9-3所示，已知该公司所有长期借款均不能自主展期。

表9-3　某企业长期借款明细表　　　　　　单位：元

借款起始日期	2021年6月1日	2020年6月1日	2019年6月1日
借款期限/年	3	5	3
金额	4000000	3000000	2000000

任务解析

要求：为该公司确定2021年12月31日资产负债表中"长期借款"项目金额应如何填列。

任务3　编制利润表

任务清单9-3　编制利润表

项目名称	任务清单内容
任务导入	宜诚公司2021年度损益类科目累计发生净额如表9-4所示
任务目标	掌握利润表编制方法，能够编制利润表
任务要求	根据任务导入，综合运用资源，编制宜诚公司2021年的利润表，如表9-5所示
任务实施	请按表9-5所列项目，完成利润表的编写
任务总结	通过完成上述任务，你学到了哪些知识或技能？
实施人员	
任务点评	

表9-4 宜诚公司2021年损益类科目累计发生净额　　　　　单位：元

科目名称	借方发生额	科目名称	贷方发生额
主营业务成本	400000	主营业务收入	800000
税金及附加	2000	其他业务收入	50000
销售费用	20000	投资收益	5000
管理费用	50000	营业外收入	10000
财务费用	80000	财务费用	3000
资产减值损失	2000		
其他业务成本	30000		
营业外支出	40000		
所得税费用	35000		

表9-5　利润表

纳税人识别号：　　　　　　　　　　　　　　　　　　　　　　会企02表
编制单位：　　　　　　　　年度　　　　　　　　　　　单位：元

项目	本期金额	上期金额（略）
一、营业收入		
减：营业成本		
税金及附加		
销售费用		
管理费用		
研发费用		
财务费用		
其中：利息费用		
利息收入		
加：其他收益		
投资收益（损失以"－"号填列）		
其中：对联营企业和合营企业的投资收益		
以摊余成本计量的金融资产终止确认收益（损失以"－"号填列）		
净敞口套期收益（损失以"－"号填列）		
公允价值变动收益（损失以"－"号填列）		

续表

项目	本期金额	上期金额（略）
资产减值损失		
信用减值损失		
资产处置收益（损失以"-"号填列）		
二、营业利润（亏损以"-"号填列）		
加：营业外收入		
减：营业外支出		
三、利润总额（亏损总额以"-"号填列）		
减：所得税费用		
四、净利润（净亏损以"-"号填列）		
（一）持续经营净利润（净亏损以"-"号填列）		
（二）终止经营净利润（净亏损以"-"号填列）		
五、其他综合收益的税后净额		
（一）不能重分类进损益的其他综合收益		
1. 重新计量设定受益计划变动额		
2. 权益法下不能转损益的其他综合收益		
3. 其他权益工具投资公允价值变动		
4. 企业自身信用风险公允价值变动		
（二）将重分类进损益的其他综合收益		
1. 权益法下可转损益的其他综合收益		
2. 其他债权投资公允价值变动		
3. 金融资产重分类计入其他综合收益的金额		
4. 其他债权投资信用减值准备		
5. 现金流量套期储备		
6. 外币财务报表折算差额		
六、综合收益总额		
七、每股收益		
（一）基本每股收益		
（二）稀释每股收益		

岗位知识

一、认识利润表

(一)利润表的概念

利润表是反映企业在一定会计期间的经营成果的报表,又称损益表。

利润表项目是收入、费用和利润要素内容的具体体现。从反映企业经营资金运动的角度看,它是一种反映企业经营资金动态表现的报表,主要提供有关企业经营成果方面的信息,属于动态会计报表。通过利润表,可以反映企业在一定会计期间收入、费用、利润(或亏损)的金额及构成情况,帮助会计报表使用者全面地了解企业的经营成果,分析企业的获利能力及盈利增长趋势,为其作出经济决策提供依据。

利润表是根据"收入-费用=利润"的基本关系来编制的,其具体内容取决于收入、费用、利润等会计要素及其内容。

(二)利润表的结构

利润表结构主要有单步式和多步式两种。

1. 单步式利润表

单步式利润表是将汇总后的本期各项收入的合计数与各项成本费用的合计数相减后,一步到位算出本期利润的一种格式。

2. 多步式利润表

多步式利润表是根据利润的分类和其构成内容,将利润按照营业利润、利润总额和净利润顺序反映的一种格式。实际上就是把利润的计算过程分成若干步骤,所以又称为逐步报告式利润表。

利润表结构包括表头和表体两部分。表头部分列示利润表的名称、编制单位名称、编制日期、报告编号和货币计量单位。表体部分是利润表的主体,列示形成经营成果的各个项目和计算过程。

为了便于报表使用者判断企业经营成果的未来发展趋势,企业需要提供比较利润表,所以,利润表各项目需要分为"本期金额"栏和"上期金额"栏。

我国一般采用多步式利润表结构,其格式如表9-5所示。

二、利润表的编制

（一）利润表项目的填列方法

我国企业利润表的主要编制步骤和内容如下。

第一步，以营业收入为基础，减去营业成本、税金及附加、销售费用、管理费用、研发费用、财务费用、资产减值损失、信用减值损失，加上其他收益、投资收益（或减去投资损失）、公允价值变动收益（或减去公允价值变动损失）和资产处置收益（或减去资产处置损失），计算出营业利润；

第二步，以营业利润为基础，加上营业外收入，减去营业外支出，计算出利润总额；

第三步，以利润总额为基础，减去所得税费用，即计算出净利润（或净亏损）；

第四步，以净利润（或净亏损）为基础，计算每股收益；

第五步，以净利润（或净亏损）和其他综合收益的税后净额为基础，计算出综合收益总额。

"本期金额"栏内各数字反映各项目的本期实际发生数，除"基本每股收益"和"稀释每股收益"项目外，应当按照相关账户的发生额分析计算填列。"上期金额"栏内各项数字，应根据上年该期利润表的"本期金额"栏内所列数字填列。如果上年度利润表的项目名称和内容与本年度利润表不相一致，应对上年度利润表项目的名称和数字按本年度的规定进行调整，填入报表的"上期金额"栏。

点睛

在编报中期财务会计报告时，如编制月度利润表，应将"本期金额"栏改成"本月数"栏，"上期金额"栏填列上年同期（即上年同月）累计实际发生数，如编制半年度利润表，则填列半年累计实际发生额。

（二）利润表项目的填列说明

（1）"营业收入"项目，反映企业经营主要业务和其他业务所确认的收入总额。本项目应根据"主营业务收入"和"其他业务收入"科目的发生额分析填列。

（2）"营业成本"项目，反映企业经营主要业务和其他业务所发生的成本总额。本项目应根据"主营业务成本"和"其他业务成本"科目的发生额分析填列。

（3）"税金及附加"项目，反映企业经营业务应负担的消费税、城市维护建设税、资源税、土地增值税、教育费附加、房产税、车船税、城镇土地使用税、印花税等相关税费。本项目应根据"税金及附加"科目的发生额分析填列。

（4）"销售费用"项目，应根据"销售费用"科目的发生额分析填列。

（5）"管理费用"项目，应根据"管理费用"科目的发生额分析填列。

（6）"研发费用"项目，反映企业进行研究与开发过程中发生的费用化支出。该项目应根据"管理费用"科目下的"研发费用"明细科目的发生额分析填列。

（7）"财务费用"项目，应根据"财务费用"科目的相关明细科目的发生额分析填列。其中"利息费用"项目反映企业为筹集生产经营所需资金而发生的予以费用化的利息支出，"利息收入"项目反映企业应冲减财务费用的利息收入，两个项目应根据"财务费用"科目的相关明细科目的发生额分析填列。

> **点睛** 财务费用＝利息费用－利息收入。如果利息收入大于利息费用，该项目用负数填列。

（8）"其他收益"项目，反映计入其他收益的政府补助等。本项目应根据"其他收益"科目的发生额分析填列。

> **点睛** 企业作为个人所得税的扣缴义务人，根据《中华人民共和国个人所得税法》收到的扣缴税款手续费，应作为其他与日常活动相关的收益在本项目中填列。

（9）"投资收益"项目，反映企业以各种方式对外投资所取得的收益。本项目应根据"投资收益"科目的发生额分析填列。如为投资损失，本项目以"－"号填列。

（10）"净敞口套期收益"项目，反映净敞口套期下被套期项目累计公允价值变动转入当期损益的金额或现金流量套期储备转入当期损益的金额。本项目应根据"净敞口套期损益"科目的发生额分析填列。如为套期损失，本项目以"－"号填列。

（11）"公允价值变动收益"项目，应根据"公允价值变动损益"科目的发生额分析填列，如为净损失，本项目以"－"号填列。

（12）"信用减值损失"项目，反映企业计提的各项金融工具减值准备所确认的信用损失。该项目应根据"信用减值损失"科目的发生额分析填列。

（13）"资产减值损失"项目，反映企业有关资产发生的减值损失。本项目应根据"资产减值损失"科目的发生额分析填列。

（14）"资产处置收益"项目，反映企业出售划分为持有待售的非流动资产（金融工具、长期股权投资和投资性房地产除外）或处置组（子公司和业务除外）时确认的处置利得或损失，以及处置未划分为持有待售的固定资产、在建工程、生产性生物资产及无形资产而产生的处置利得或损失。债务重组中因处置非流动资产（金融工具、长期股权投资和投资性房地产除外）产生的利得或损失、非货币性资产交换中换出非流动资产（金融工具、长期股权投资和投资性房地产除外）产生的利得或损失也包括在本项目内。本项目应根据"资产处置损益"科目的发生额分析填列；如为处置损失，以"－"号填列。

（15）"营业利润"项目，反映企业实现的营业利润。如为亏损，本项目以"－"号填列。

（16）"营业外收入"项目，反映企业发生的除营业利润以外的收益，如非流动资产毁损报废收益、与企业日常活动无关的政府补助、盘盈利得等。本项目应根据"营业外收入"科目的发生额分析填列。

（17）"营业外支出"项目，反映企业发生的除营业利润以外的支出，如公益性捐赠支出、非常损失、盘亏损失、非流动资产毁损报废损失等。本项目应根据"营业外支出"科目的发生额分析填列。

（18）"利润总额"项目，反映企业实现的利润。若为亏损，本项目以"－"号填列。

（19）"所得税费用"项目，反映企业应从当期利润总额中扣除的所得税费用。本项目应根据"所得税费用"科目的发生额分析填列。

（20）"净利润"项目，反映企业实现的净利润。若为亏损，本项目以"－"号填列。

（21）"其他综合收益的税后净额"项目，反映企业根据企业会计准则规定未在损益中确认的各项利得和损失扣除所得税影响后的净额。

（22）"综合收益总额"项目，反映企业净利润与其他综合收益（税后净额）的合计金额。

（23）"每股收益"项目，包括基本每股收益和稀释每股收益两项指标，反映普通股或潜在普通股已公开交易的企业，以及正处在公开发行普通股或潜在普通股过程中的企业的每股收益信息。

> **点睛** 利润表作为一张反映企业一定时期利润的动态报表，它反映的是收入、费用和利润三要素的本期累计数，是根据相关科目的本期实际发生合计数填列的。所以资产负债表和利润表的主要区别是资产负债表是余额报表，而利润表是发生额报表。

知识链接

知识锦囊

拓展提升

某公司2021年发生四项业务：（1）投资银行理财产品取得收益；（2）处置资产收益；（3）存货因自然灾害毁损损失；（4）计提应收账款信用减值损失。请回答上述业务是否影响某公司2021年的营业利润，为什么？

任务4　编制现金流量表

任务清单9-4　编制现金流量表

项目名称	任务清单内容
任务导入	宜诚公司2021年度资产负债表和利润表的数据如表9-6所示。已知该公司应付职工薪酬本年确认480万元，实际支付438万元，投资收益均为长期股权投资（权益法核算）而来
任务目标	掌握现金流量表编制方法，能够编制现金流量表
任务要求	根据任务导入，综合运用资源，采用工作底稿法编制宜诚公司2021年12月31日的现金流量表，填在表9-6、表9-7中
任务实施	
任务总结	通过完成上述任务，你学到了哪些知识或技能？
实施人员	
任务点评	

表9-6　现金流量表工作底稿（简表）　　　　　　　　　　　　　　　　　单位：万元

项目	年初数	调整分录 借方	调整分录 贷方	期末数
一、资产负债表项目				
流动资产：				
货币资金	600			415.6
应收账款	2000（坏账准备100）			2050（坏账准备250）
存货	1800			1449
流动资产合计	4400			3914.60
非流动资产：				
长期股权投资	1800			2005
固定资产	5400（累计折旧1400）			6850（累计折旧1400+350）
无形资产	400（累计摊销80）			360（累计摊销120）
非流动资产合计	7600			9215
资产总计	12000			13129.60
流动负债：				
短期借款	300			0
应付账款	500			608
应付职工薪酬	35			77
应交税费	320			108.85
流动负债合计	1155			793.85
非流动负债：				
长期借款				
应付债券				
非流动负债合计	0			0
负债合计	1155			793.85
所有者权益：				
实收资本	8000			9000

续表

项目	年初数	调整分录 借方	调整分录 贷方	期末数
资本公积	2000			2400
盈余公积	800			813.6125
未分配利润	45			122.1375
所有者权益合计	10845			12335.75
负债及所有者权益总计	12000			13129.60
二、利润表项目				
营业收入				3000
减：营业成本				1950
税金及附加				53
销售费用				263.64
管理费用				657.36
研发费用				
财务费用				10
加：其他收益				
投资收益				205
信用减值损失				150
……				
减：所得税费用				30.25
净利润				90.75
三、现金流量表项目				
（一）经营活动产生的现金流量				
销售商品、提供劳务收到的现金				
收到的其他与经营活动有关的现金				
现金流入量小计				
购买商品、接受劳务支付的现金				
支付给职工以及为职工支付的现金				
支付的各项税费				
支付的其它与经营活动有关的现金				

续表

项目	年初数	调整分录		期末数
		借方	贷方	
经营活动现金流出量小计				
经营活动产生的现金流量净额				
（二）投资活动产生的现金流量				
收回投资所收到的现金				
取得投资收益收到现金				
处置固定资产、无形资产和其他长期资产收回的现金净额				
处置子公司及其他营业单位收到的现金				
收到其他与投资活动有关的现金				
投资活动现金流入量小计				
构建固定资产、无形资产和其他长期资产支付的现金				
投资支付的现金				
取得子公司及其他营业单位支付的现金				
支付其他与投资活动有关的现金				
投资活动现金流出量小计				
投资活动产生的现金流量净额				
（三）筹资活动产生的现金流量				
吸收投资所收到的现金				
取得借款所收到的现金				
发行债券收到的现金				
收到其他与筹资活动有关的现金				
筹资活动现金流入量小计				
偿还债务所支付的现金				
分配股利、利润和偿付利息所支付的现金				
支付其他与筹资活动有关的现金				
筹资活动现金流出量小计				
筹资活动产生的现金流量净额				
（四）现金及现金等价物净减少额				
四、调整分录借贷合计				

表9-7 现金流量表（简表）

会企03表

编制单位：　　　　　　　　　　　　年　月　　　　　　　　　　　　单位：万元

项目	本期金额	上期金额
一、经营活动产生的现金流量		（略）
销售商品、提供劳务收到的现金		
客户存款和同业存放款项净增加额		
收到的税费返还		
收到其他与经营活动有关的现金		
经营活动现金流入小计		
购买商品、接受劳务支付的现金		
支付给职工以及为职工支付的现金		
支付的各项税费		
支付其他与经营活动有关的现金		
经营活动现金流出小计		
经营活动产生的现金流量净额		
二、投资活动产生的现金流量		
收回投资收到的现金		
取得投资收益收到的现金		
处置固定资产、无形资产和其他长期资产收回的现金净额		
处置子公司及其他营业单位收到的现金净额		
收到其他与投资活动有关的现金		
投资活动现金流入小计		
购建固定资产、无形资产和其他长期资产支付的现金		
投资支付的现金		
取得子公司及其他营业单位支付的现金净额		
支付其他与投资活动有关的现金		
投资活动现金流出小计		
投资活动产生的现金流量净额		
三、筹资活动产生的现金流量		

续表

项目	本期金额	上期金额
吸收投资收到的现金		
取得借款收到的现金		
收到其他与筹资活动有关的现金		
筹资活动现金流入小计		
偿还债务支付的现金		
分配股利、利润或偿付利息支付的现金		
支付其他与筹资活动有关的现金		
筹资活动现金流出小计		
筹资活动产生的现金流量净额		
四、汇率变动对现金及现金等价物的影响		
五、现金及现金等价物净增加额		
加：期初现金及现金等价物余额		
六、期末现金及现金等价物余额		

岗位知识

一、认识现金流量表

（一）现金流量表的概念

现金流量表是反映企业在一定会计期间现金和现金等价物流入和流出的报表。现金是指企业库存现金以及随时可以用于支付的存款。不能用于随时支付的存款不属于现金。现金等价物是指企业持有的期限短（购买日期三个月内到期）、流动性强、易于转换为已知金额现金、价值变动风险很小的投资。三个月内到期的债权投资属于现金等价物，但权益性投资因变现的金额通常不确定，所以不属于现金等价物。企业应根据具体情况，确定现金等价物的范围，一经确定不得随意变更。

从编制原则上看，现金流量表按照收付实现制原则编制，将权责发生制下的盈利信息调整为收付实现制下的现金流量信息，便于信息使用者了解企业净利润的质量；从内容上看，现金流量表被划分为经营活动、投资活动和筹资活动三个部分，每个部分又分为各具体项目，这些项目从不同角度反映了企业业务活动的现金流入与流出，弥补了资产负债表和利润表提供信息的不足。

通过现金流量表，报表使用者能够了解现金流量的影响因素，评价企业的支付能力、偿债能力和周转能力，预测企业未来现金流量，从而为其决策提供有力的依据。

（二）现金流量表的格式及编制方法

1. 现金流量表的格式

在现金流量表中，现金及现金等价物被视为一个整体，企业现金形式的转换不会产生现金的流入和流出。例如，企业从银行提取现金，是企业现金存放形式的转换，现金并未流出企业，所以不构成现金流量。同样，现金与现金等价物之间的转换（例如企业用现金购买三个月到期的国库券等）也不属于现金流量。

一般企业（非金融企业）的现金流量表由表首、表体两部分组成。表首部分主要包括报表名称、编制单位、编制时间、报表编号、货币单位、计量单位等内容，表体部分包括主表和附表（补充资料）两部分。

现金流量表主表以"现金流入－现金流出＝现金流量净额"为基础，采取多步式，分别按经营活动、投资活动和筹资活动，分项报告企业的现金流入量和流出量。

2. 现金流量表的编制方法

现金流量表的编制主要有两种方法：直接法和间接法。

直接法一般是以利润表中的营业收入为起算点，调节相关项目的增减变动，计算出企业经营活动的现金流量。即按照现金收入和现金支出的项目类别直接反映企业经营活动产生的现金流量。例如，某企业某年度利润表中列示的营业收入为200万元，资产负债表中列示的应收账款年末金额为30万元，上年年末金额为20万元，不考虑其他因素影响，则表明该企业当年营业收入中有10万元未收到现金，即销售商品收到的现金是190万元。

间接法一般是以净利润为起算点，调整不涉及现金的"收入""费用""营业外收支"等项目，调节与经营活动有关的项目的增减变动，然后计算出经营活动产生的现金流量。即将按权责发生制原则确定的净利润调整为现金净流入，并剔除投资活动和筹资活动对现金流量的影响。例如，某企业某年度利润表中列示的净利润为30万元，资产负债表中列示的应收账款年末金额为30万元，上年年末金额为20万元，不考虑其他因素影响，则表明该企业当年净利润中有10万元未收到现金，即经营活动产生的现金流量净额为5万元。

直接法以利润表中的营业收入为起点调整计算经营活动产生的现金流量净额，而间接法则是以净利润为起点调整计算经营活动产生的现金流量净额，二者的计算结果应当是一致的，可以相互验证和补充。

我国企业会计准则规定企业应当采用直接法编报现金流量表，同时要求在附注中提供以净利润为基础调节到经营活动现金流量的信息。

（三）现金流量表的编制要求

现金流量表应当分别按照经营活动、投资活动和筹资活动列报现金流量。现金流量应当分别按照现金流入和现金流出总额列报。但是下列各项可以按照净额列报。

（1）代客户收取或支付的现金。

（2）周转快、金额大、期限短项目的现金流入和流出。

（3）金融企业的有关项目，包括短期贷款发放与收回的贷款本金、活期存款的吸收与支付、同业存款和存放同业款项的存取、向其他金融企业拆借资金，以及证券的买入与卖出等。

（4）自然灾害损失、保险索赔等特殊项目，应当根据其性质，分别归并到经营活动、投资活动和筹资活动现金流量类别中单独列报。

（5）外币现金流量以及境外子公司的现金流量，应当采用现金流量发生日的即期汇率或按照系统合理的方法确定的、与现金流量发生日即期汇率近似的汇率折算。汇率变动对现金的影响额应当作为调整项目，在现金流量表中单独列报"汇率变动对现金及现金等价物的影响"。

二、现金流量表的编制

（一）直接法

运用直接法编制现金流量表可以采用工作底稿法或T型账户法，也可以根据有关会计科目记录分析填列。

1. 工作底稿法

工作底稿法是以工作底稿为手段，以资产负债表和利润表数据为基础，分别对每一项目进行分析并编制调整分录，进而编制现金流量表的一种方法，工作底稿如表9-6所示。具体编制步骤和程序为：

（1）将资产负债表的期初数据与期末数据分别填入工作底稿的年初数和期末数栏。

（2）以利润表项目为基础，对当期业务进行分析并编制调整分录。

从"营业收入"项目开始，结合资产负债表的相关项目逐一进行分析调整，将有关现金及现金等价物的流入流出分别计入"经营活动产生的现金流量""投资活动产生的现金流量""筹资活动产生的现金流量"的具体项目，借方表示现金流入，贷方表示现金流出。借方余额表示现金流入量净额，贷方余额表示现金流出量净额。注意对管理费用等期间费用在调整时需要全额调整计入"经营活动的现金流量——支付的其他与经营活动有关的现金"项目，对于其中应付职工薪酬、计提折旧或摊销等不需要支付现金的部分在调整相应项目时，调整计入"经营活动的现金流量——支付的其他与经营活动有关的现金"项目的相反方向。

技能窗 主要调整分录参考如表9-8所示。

表9-8 主要调整分录参考

项目	调整分录
调整营业收入	借：经营活动的现金流量——销售商品收到的现金 　　　　　　　　　　——支付的各项税费 　　应收账款等（"应收账款"类项目年末年初差额，可能在贷方） 贷：营业收入（利润表列示） 　　应交税费——应交增值税（营业收入×增值税税率） 注：支付的各项税费要求在现金流量表中单独列报，对于不能直接计入资产成本或费用的增值税需要调整
调整营业成本	借：营业成本（利润表列示） 　　应交税费——应交增值税 贷：应付账款等（"应付账款"类项目年末年初差额，可能在借方） 　　存货（"存货"项目年末年初差额，可能在借方） 　　经营活动的现金流量——购进商品支付的现金（"营业成本""存货""应付账款"等项目分析差额） 　　　　　　　　　　　——支付的各项税费（购进商品支付的现金×增值税税率）
调整税金及附加	借：税金及附加（利润表列示） 贷：应交税费
调整期间费用	借：销售费用 　　管理费用 贷：经营活动的现金流量——支付的其它与经营活动有关的现金 借：财务费用 贷：筹资活动的现金流量——分配股利、利润和偿付利息所支付的现金
调整投资收益	借：长期股权投资（权益法核算）等 贷：投资活动的现金流量——投资支付的现金 同时： 借：投资活动的现金流量——取得投资收益收到现金 贷：投资收益
调整所得税费用	借：所得税费用 贷：应交税费——应交所得税
调整净利润	借：净利润 贷：未分配利润
调整固定资产折旧/无形资产摊销	借：经营活动的现金流量——支付的其它与经营活动有关的现金 贷：累计折旧/累计摊销

续表

项目	调整分录
调整固定资产/无形资产	借：固定资产/无形资产 　　应交税费——应交增值税 贷：投资活动的现金流量——构建固定资产等长期资产支付的现金 　　经营活动的现金流量——支付的各项税费
调整短期借款	借：短期借款 贷：筹资活动的现金流量——偿还债务所支付的现金
调整应付职工薪酬	借：经营活动的现金流量——支付的其它与经营活动有关的现金 贷：应付职工薪酬
调整支付的职工薪酬	借：应付职工薪酬 贷：经营活动的现金流量——支付给职工以及为职工支付的现金 注：需要根据资产负债表中应付职工薪酬及相关项目的年末年初金额的差额分析调整
调整缴纳或支付的增值税及其他税费	借：应交税费 贷：经营活动的现金流量——支付的各项税费
调整实收资本/资本公积	借：筹资活动的现金流量——吸收投资所收到的现金 贷：实收资本/资本公积
调整利润分配	借：未分配利润 贷：盈余公积
调整现金及现金等价物	借：现金及现金等价物净减少额 贷：货币资金 或： 借：货币资金 贷：现金及现金等价物净增加额 注：根据资产负债表中"货币资金"项目年末年初数差额分析计算调整

（3）将调整分录填入工作底稿的相应部分。

（4）核对工作底稿各项目的借方合计数与贷方合计数是否相等，如相等则通常表明调整分录无误。资产负债表中各项目期初数额加减调整分录中的借贷金额后的金额应等于期末余额；工作底稿中调整分录的借方、贷方合计数应相等。

（5）根据工作底稿中的现金流量表项目部分编制正式的现金流量表。

2. T型账户法

T型账户法是以T型账户为手段，以资产负债表和利润表数据为基础，分别对每一项目进行分析并编制调整分录，进而编制现金流量表的一种方法。具体编制步骤和程序为：

（1）为所有非现金项目分别开设T型账户，并将各项目的期末期初变动数额过入各账户。

非现金项目包括资产负债表和利润表项目。如果某项目的期末数大于期初数，则将其差额过入和该项目余额相同的方向；如果该项目的期末数小于期初数，则将其差额过入和该项目余额相反的方向。对于某资产项目来说，如果期末数大于期初数，变动数过入借方，表明报告期内该资产项目增加引发现金流出量增加；反之，如果期末数小于期初数，变动数过入贷方，则表明报告期内该资产项目减少引发现金流入量增加。

（2）为"现金及现金等价物"项目开设T型账户，并设置"经营活动""投资活动""筹资活动"三个二级T型账户。左方为借方登记现金流入净额，右方为贷方登记现金流出，借方余额为现金流入净额，贷方余额为现金流出净额。

（3）分析当期业务，编制调整分录。

编制调整分录时，以利润表项目为基础，从"营业收入"项目开始，结合资产负债表的相关项目逐一进行分析调整。

（4）将调整分录过入各T型账户，并进行核对。

（5）根据T型账户编制正式的现金流量表。

（二）间接法

采用间接法编制现金流量表的步骤如下。

（1）将报告期利润表中净利润调整为经营活动产生的现金流量。以净利润为起点，加上编制利润表时作为净利润减少而报告期没有发生现金流出的填列项目，减去编制利润表时作为净利润增加而报告期没有发生现金流入的填列项目，以及不属于经营活动的现金流量。

① 应加回的项目。此类项目属于净利润中并没有实际现金流出的项目，需要在净利润的基础上进行分析调整。包括"资产减值准备""信用损失准备""固定资产折旧、油气资产折耗、生产性生物资产折旧""无形资产摊销""长期待摊费用摊销"项目，这些在利润表中已经作为净利润减少的项目扣除，但是在报告期内并不需要现金支出，因此应当加回。可以根据利润表中相应项目的金额直接填列（如"资产减值损失""信用减值损失"），或根据资产负债表及其报表附注中的科目贷方发生额等分析计算填列。

② 应加回或减去的项目。此类项目属于净利润中没有实际支付现金的费用或者没有实际收到现金的收益，需要在净利润的基础上分析调整。包括"处置固定资产、无形资产和其他长期资产的损失（收益以'-'号填列）""固定资产报废损失（收益以'-'号填列）""公允价值变动损失（收益以'-'号填列）""财务费用（收益以'-'号填列）""投资损失（收益以'-'号填列）""递延所得税资产减少（增加以'-'号填列）""递延所得税负债增加（减少以'-'号填列）""存货的减少（增加以'-'号

填列）项目。"可以根据利润表中相关项目分析填列，或根据资产负债表中相关项目的期末期初数差额和报表附注中相关项目的期末期初数差额分析计算填列。

③ 经营性应收应付项目的增减变动。此类项目不属于直接影响净利润的经营活动产生的现金流入量或流出量，需要在净利润的基础上分析调整。

经营性应收项目包括应收票据、应收账款、预付账款、合同资产、其他应收款和长期应收款中与经营活动有关的部分。"经营性应收项目的减少（增加以'－'号填列）"项目反映企业报告期内发生的经营性应收项目减少（或增加）对现金流量的影响。资产负债表中经营性应收项目减少，表明报告期内收到了以前年度应收项目的现金，形成了在净利润之外的营业活动现金流入量，应当加回；反之，经营性应收项目增加，表明报告期内净利润有未收到的现金流入量，应当减去。本项目应根据资产负债表中经营性应收项目期末期初的差额和报表附注中"坏账准备"项目的期末期初数的差额分析计算填列。

经营性应付项目包括应付票据、应付账款、预收账款、合同负债、其他应付款和长期应付款等项目中与经营活动有关的部分。"经营性应付项目的增加（减少以'－'号填列）"项目反映企业报告期内发生的经营性应付项目增加（或减少）对现金流量的影响。资产负债表中经营性应付项目增加，表明报告期内"存货"等项目中存在尚未支付的应付项目的现金，在计算净利润时通过"营业成本"等项目已经扣除，形成净利润中尚未发生的经营活动现金流出量，应予以减去。本项目应根据资产负债表中经营性应付项目期末期初数的差额分析计算填列。

（2）分析调整不涉及现金收支的重大投资和筹资活动项目。此项目反映企业一定会计期间内影响资产或负债，但不形成该期现金收支的各项投资或筹资活动的信息资料。如企业报告期内实施的债务转为资本、一年内到期的可转换公司债券、融资租入固定资产等。此类项目虽然不涉及报告期实际的现金流入流出，但对今后各期的现金流量有重大影响。此类需要列报的项目有：

① 债务转为资本：反映企业报告期内转为资本的债务金额。此项目可根据资产负债表中"应付债券""长期应付款""实收资本""资本公积"等项目分析计算填列。

② 一年内到期的可转换公司债券：反映企业报告期内到期的可转换公司债券的本息。本项目可根据资产负债表中"应付债券——优先股"等项目分析计算填列。

③ 融资租入固定资产：反映企业报告期内融资租入的固定资产。本项目可根据资产负债表中"使用权资产""长期应付款""租赁负债"等项目分析计算填列。

（3）分析调整现金及现金等价物净变动情况。此项目反映现金及现金等价物增减变动及其净增加额。本项目可根据资产负债表中"货币资金"项目及现金等价物期末期初余额及净增额分析计算填列。

（4）编制正式的现金流量表补充资料。可以采用工作底稿法或T型账户法，也可以根据有关会计科目记录分析填列。现金流量表补充资料如表9-9所示。

知识链接

知识锦囊

拓展提升

任务解析

根据宜诚公司在任务导入的数据,编制现金流量表补充资料,填入表9-9中。

表9-9 现金流量表补充资料(简表)

编制单位: 　　　　　　　　年　月　　　　　　　　单位:

项目	本期金额	上期金额
1. 将净利润调节为经营活动现金流量		
净利润		
加:资产减值准备		
信用损失准备		
固定资产折旧、油气资产折耗、生产性生物资产折旧		
使用权资产摊销		
无形资产摊销		
长期待摊费用摊销		
处置固定资产、无形资产和其他长期资产的损失(收益以"-"号填列)		
固定资产报废损失(收益以"-"号填列)		
净敞口套期损失(收益以"-"号填列)		
公允价值变动损失(收益以"-"号填列)		
财务费用(收益以"-"号填列)		
投资损失(收益以"-"号填列)		
递延所得税资产减少(增加以"-"号填列)		
递延所得税负债增加(减少以"-"号填列)		
存货的减少(增加以"-"号填列)		
经营性应收项目的减少(增加以"-"号填列)		

续表

项目	本期金额	上期金额
经营性应付项目的增加（减少以"－"号填列）		
其他		
经营活动产生的现金流量净额		
2. 不涉及现金收支的重大投资和筹资活动		
债务转为资本		
一年内到期的可转换公司债券		
融资租入固定资产		
3. 现金及现金等价物净变动情况		
现金的期末余额		
减：现金的期初余额		
加：现金等价物的期末余额		
减：现金等价物的期初余额		
现金及现金等价物净增加额		

任务5　编制所有者权益变动表

任务清单9-5　编制所有者权益变动表

项目名称	任务清单内容
任务导入	2020年12月31日，宜诚公司实收资本为600000元，2021年收到某公司投入资本100000元。2021年实现净利润127500元，2021年提取盈余公积12 750元，提取公益金6375元，向投资者分配利润63750元
任务目标	掌握所有者权益变动表的内容，能够编制所有者权益变动表
任务要求	根据任务导入，综合运用资源，根据这些信息编制所有者权益变动表，填在表9-10中
任务实施	
任务总结	通过完成上述任务，你学到了哪些知识或技能？
实施人员	
任务点评	

表9-10 所有者权益变动表

编制单位：　　　　　　　　　　　　　　　　　　年度　　　　　　　　　　　　　　　单位：元　　　　　　　　　　　会企04表

项目	本年金额									上年金额								
	实收资本（或股本）	其他权益工具			资本公积	减：库存股	其他综合收益	盈余公积	未分配利润	所有者权益合计	实收资本（或股本）	其他权益工具			资本公积	减：库存股	其他综合收益	盈余公积	未分配利润	所有者权益合计
		优先股	永续债	其他								优先股	永续债	其他						
一、上年年末余额																			
加：会计政策变更																			
前期差错更正																			
其他																			
二、本年年初余额																			
三、本年增减变动金额（减少以"-"号填列）																			
（一）综合收益总额																			
（二）所有者投入和减少资本																			
1. 所有者投入的普通股																			
2. 其他权益工具持有者投入资本																			
3. 股份支付计入所有者权益的金额																			
4. 其他																			

续表

项目	本年金额										上年金额									
	实收资本（或股本）	其他权益工具		其他	资本公积	减：库存股	其他综合收益	盈余公积	未分配利润	所有者权益合计	实收资本（或股本）	其他权益工具		其他	资本公积	减：库存股	其他综合收益	盈余公积	未分配利润	所有者权益合计
		优先股	永续债									优先股	永续债							
（三）利润分配																				
1. 提取盈余公积																				
2. 对所有者（或股东）的分配																				
3. 其他																				
（四）所有者权益内部结转																				
1. 资本公积转增资本（或股本）																				
2. 盈余公积转增资本（或股本）																				
3. 盈余公积弥补亏损																				
4. 设定受益计划变动额结转留存收益																				
5. 其他综合收益结转留存收益																				
6. 其他																				
四、本年年末余额																				

岗位知识

一、认识所有者权益变动表

（一）所有者权益变动表的概念

所有者权益变动表是指反映构成所有者权益各组成部分当期增减变动情况的报表。

通过所有者权益变动表，既可以为财务报表使用者提供所有者权益总量增减变动的信息，也能为其提供所有者权益增减变动的结构性信息，特别是能够让财务报表使用者理解所有者权益增减变动的根源。

> **点睛** 所有者权益变动表对于股份制企业又叫股东权益变动表，全面反映了企业的所有者（股东）权益在年度内的变化情况，便于会计信息使用者深入分析企业所有者（股东）权益的增减变化情况，并进而对企业的资本保值增值情况做出正确判断，从而提供对决策有用的信息。

（二）所有者权益变动表的结构

在所有者权益变动表上，企业至少应当单独列示的项目包括：

（1）综合收益总额；

（2）会计政策变更和差错更正的累积影响金额；

（3）所有者投入资本和向所有者分配利润等；

（4）提取的盈余公积；

（5）实收资本、其他权益工具、资本公积、盈余公积、未分配利润的期初和期末余额及其调节情况。

我国所有者权益变动表的结构，其格式如表9-10所示。

二、所有者权益变动表的编制

1. "上年年末余额"项目

"上年年末余额"项目反映企业上年资产负债表中实收资本（或股本）、其他权益工具、资本公积、库存股、其他综合收益、盈余公积、未分配利润的年末余额。

2. "会计政策变更" "前期差错更正"项目

"会计政策变更" "前期差错更正"项目分别反映企业采用追溯调整法处理的会计政策变更的累积影响金额和采用追溯重述法处理的会计差错更正的累积影响金额。

3. "本年增减变动金额"项目

（1）"综合收益总额"项目，反映企业净利润与其他综合收益扣除所得税影响后的净额的合计金额。

（2）"所有者投入和减少资本"项目，反映企业当年所有者投入的资本和减少的资本。

①"所有者投入的普通股"项目，反映企业接受投资者投入形成的实收资本（或股本）和资本公积，应根据"实收资本""资本公积"等科目的发生额分析填列，并对应列在"实收资本"和"资本公积"栏。

②"其他权益工具持有者投入资本"项目，反映企业接受其他权益工具持有者投入资本，应根据"其他权益工具"等科目的发生额分析填列，并对应列在"其他权益工具"栏。

③"股份支付计入所有者权益的金额"项目，反映企业处于等待期中的权益结算的股份支付当年计入资本公积的金额，应根据"资本公积"科目所属的"其他资本公积"二级科目的发生额分析填列，并对应列在"资本公积"栏。

（3）"利润分配"项目

①"提取盈余公积"项目，反映企业按照规定提取的盈余公积，应根据"盈余公积""利润分配"科目的发生额分析填列。

②"对所有者（或股东）的分配"项目，反映对所有者（或股东）分配的利润（或股利）金额，应根据"利润分配"科目的发生额分析填列。

（4）"所有者权益内部结转"项目，

①"资本公积转增资本（或股本）"项目，反映企业以资本公积转增资本或股本的金额，应根据"实收资本""资本公积"等科目的发生额分析填列。

②"盈余公积转增资本（或股本）"项目，反映企业以盈余公积转增资本或股本的金额，应根据"实收资本""盈余公积"等科目的发生额分析填列。

③"盈余公积弥补亏损"项目，反映企业以盈余公积弥补亏损的金额，应根据"盈余公积""利润分配"等科目的发生额分析填列。

④"设定受益计划变动额结转留存收益"项目，设定受益计划是指除了设定提存计划之外的离职后福利计划。"设定受益计划变动"计入其他综合收益，在原设定受益计划终止时应当在权益范围内将原计入其他综合收益的部分全部结转至未分配利润。应根据"其他综合收益""利润分配"等科目的发生额分析填列。

⑤"其他综合收益结转留存收益"项目，主要反映：第一，企业指定为以公允价值计量且其变动计入其他综合收益的非交易性权益工具投资终止确认时，之前计入其他综合收益的累计利得或损失从其他综合收益中转入留存收益的金额；第二，企业指定为以公允价值计量且其变动计入当期损益的金融负债终止确认时，之前由企业自身信用风险变动引起

而计入其他综合收益的累计利得或损失从其他综合收益中转入留存收益的金额等。该项目应根据"其他综合收益"科目的相关明细科目的发生额分析填列。

 点睛 如果编制正确，所有者权益变动表本年年末余额与资产负债表中所有者权益项目的年末数是一致的。

知识链接

知识锦囊

拓展提升

查找资料，回答企业所有者权益变动表至少应当单独列示反映哪些信息的项目。

任务解析

任务6　附注

任务清单9-6　认知附注

项目名称	任务清单内容
任务导入	总账会计小王经过辛勤工作，终于完成了宜诚公司2021年资产负债表、利润表、现金流量表、所有者权益变动表的编制工作。但是财务报告的编制工作并没有完成，还需要编制财务报表附注
任务目标	掌握附注的主要内容，了解财务报表附注的作用
任务要求	根据任务导入，综合运用资源，回答下列问题。 （1）财务报表附注的作用。 （2）财务报表附注的主要内容有哪些
任务实施	
任务总结	通过完成上述任务，你学到了哪些知识或技能？
实施人员	
任务点评	

> **岗位知识**

一、附注概述

附注是对资产负债表、利润表、现金流量表和所有者权益变动表等报表中列示项目的文字描述或明细资料，以及对未能在这些报表中列示项目的说明等。

附注主要起到两方面的作用。第一，附注的披露，是对资产负债表、利润表、现金流量表和所有者权益变动表列示项目的含义的补充说明，帮助使用者更准确地把握其含义。通过报表附注的文字说明．辅以某些统计资料或定性信息，可弥补财务信息的不足，从而能全面反映企业面临的机会与风险，将企业价值充分体现出来，保证了信息的完整性，从而有助于信息使用者作出最佳的决策。第二，附注提供了对资产负债表、利润表、现金流量表和所有者权益变动表中未列示项目的详细说明或明细说明。通过财务报表附注对财务报表的编制基础、编制依据、编制原则和方法及主要事项等进行解释，以此提高会计信息的可理解性，同时使不同企业的会计信息的差异更具可比性．便于进行对比分析。

> **点睛** 财务报表中的数字是经过分类与汇总后的结果，是对企业发生的经济业务的高度概括的数字，财务报表附注是为了便于财务报表使用者理解财务报表的内容而对财务报表的编制基础、编制依据、编制原则和方法及主要项目等所作的解释。它是对财务报表的补充说明，是财务会计报告的重要组成部分。因此，附注与资产负债表、利润表、现金流量表、所有者权益变动表等财务报表具有同等的重要性。

二、附注的主要内容

企业应当按照如下顺序披露附注的内容。

（一）企业的基本情况

（1）企业注册地、组织形式和总部地址。

（2）企业的业务性质和主要经营活动，如企业所处的行业、所提供的主要产品或服务、客户的性质、销售策略、监管环境的性质等。

（3）母公司以及集团最终母公司的名称。

（4）财务报告的批准报出者和财务报告批准报出日。

（5）营业期限有限的企业，还应当披露有关营业期限的信息。

（二）财务报表的编制基础

财务报表的编制基础是指财务报表是在持续经营基础上还是非持续经营基础上编制

的。企业一般是在持续经营基础上编制财务报表，清算、破产属于非持续经营基础。

（三）遵循企业会计准则的声明

企业应当声明编制的财务报表符合企业会计准则的要求，真实、完整地反映了企业的财务状况、经营成果和现金流量等有关信息，以此明确企业编制财务报表所依据的制度基础。

（四）重要会计政策和会计估计

根据财务报表列报准则的规定，企业应当披露采用的重要会计政策和会计估计，不重要的会计政策和会计估计可以不披露。

1. 重要会计政策的说明

由于企业经济业务的复杂性和多样化，某些经济业务可以有多种会计处理方法，也即存在不止一种可供选择的会计政策。例如，存货的计价可以有先进先出法、加权平均法、个别计价法等；固定资产的折旧，可以有平均年限法、工作量法、双倍余额递减法、年数总额法等。企业在发生某项经济业务时，必须从允许的会计处理方法中选择适合本企业特点的会计政策，企业选择不同的会计处理方法，可能极大地影响企业的财务状况和经营成果，进而编制出不同的财务报表。为了有助于报表使用者理解，有必要对这些会计政策加以披露。

需要特别指出的是，说明会计政策时还需要披露下列两项内容。

（1）财务报表项目的计量基础。会计计量属性包括历史成本、重置成本、可变现净值、现值和公允价值，这直接显著影响报表使用者的分析，这项披露要求便于使用者了解企业财务报表中的项目是按何种计量基础予以计量的，如存货是按成本还是可变现净值计量等。

（2）会计政策的确定依据。主要是指企业在运用会计政策过程中所作的对报表中确认的项目金额最具影响的判断。例如，企业如何判断持有的金融资产是持有至到期的投资而不是交易性投资；又如，对于拥有的持股不足50%的关联企业，企业为何判断企业拥有控制权因此将其纳入合并范围；再如，企业如何判断与租赁资产相关的所有风险和报酬已转移给企业，从而符合融资租赁的标准；以及投资性房地产的判断标准是什么，等等，这些判断对在报表中确认的项目金额具有重要影响。因此，这项披露要求有助于使用者理解企业选择和运用会计政策的背景，提高财务报表的可理解性。

2. 重要会计估计的说明

财务报表列报准则强调了对会计估计不确定因素的披露要求，企业应当披露会计估计中所采用的关键假设和不确定因素的确定依据，这些关键假设和不确定因素在下一会计期间内很可能导致对资产、负债账面价值进行重大调整。

在确定报表中确认的资产和负债的账面金额过程中，企业有时需要对不确定的未来事项在资产负债表日对这些资产和负债的影响加以估计。例如，固定资产可收回金额的计算需要根据其公允价值减去处置费用后的净额与预计未来现金流量的现值两者之间的较高者确定，在计算资产预计未来现金流量的现值时需要对未来现金流量进行预测，并选择适当的折现率，应当在附注中披露未来现金流量预测所采用的假设及其依据、所选择的折现率为什么是合理的等。又如，为正在进行中的诉讼提取准备时最佳估计数的确定依据等。这些假设的变动对这些资产和负债项目金额的确定影响很大，有可能会在下一个会计年度内做出重大调整。因此，强调这一披露要求，有助于提高财务报表的可理解性。

（五）会计政策和会计估计变更以及差错更正的说明

企业应当按照会计政策、会计估计变更和差错更正会计准则的规定，披露会计政策和会计估计变更以及差错更正的有关情况。

（六）报表重要项目的说明

企业应当以文字和数字描述相结合的方式披露报表重要项目的构成或当期增减变动情况，并且报表重要项目的明细金额合计应当与报表项目金额相衔接。在披露顺序上，一般应当按照资产负债表、利润表、现金流量表、所有者权益变动表及其项目列示的顺序。

（七）或有和承诺事项、资产负债表日后非调整事项、关联方关系及其交易等需要说明的事项

（八）有助于财务报表使用者评价企业管理资本的目标、政策及程序的信息

知识链接

知识锦囊

知识测试与能力训练

一、单项选择题

1. 下列各项应收应付款项中,将净利润调节为经营活动现金流量时应加回的有（　　）。
   A. 应收账款的增加额（年末高于年初余额的差额）
   B. 应付账款的减少额（年末余额低于年初余额的差额）
   C. 应收票据的减少额（年末余额低于年初余额的差额）
   D. 坏账准备的增加额（年末余额高于年初余额的差额）

2. 我国利润表采用（　　）格式。
   A. 账户式　　　　B. 报告式　　　　C. 单步式　　　　D. 多步式

3. 下列各项中,应根据相应总账科目的余额直接在资产负债表中填列的是（　　）。
   A. 短期借款　　　　　　　　　　B. 固定资产
   C. 长期借款　　　　　　　　　　D. 应收票据及应收账款

4. 2021年12月31日,甲企业"预收账款"总账科目贷方余额为15万元,其明细科目余额如下:"预收账款——乙企业"科目贷方余额为25万元,"预收账款——丙企业"科目借方余额为10万元。不考虑其他因素,甲企业年末资产负债表中"预收款项"项目的期末余额为（　　）万元。
   A. 10　　　　　　　　　　　　　B. 15
   C. 5　　　　　　　　　　　　　　D. 25

5. 甲公司2021年度发生的管理费用为200万元,其中以现金支付管理人员工资100万元,存货盘亏损失1万元,计提固定资产折旧50万元,该公司2021年度"支付其他与经营活动有关的现金"项目的金额为（　　）。
   A. 200　　　　　　　　　　　　B. 100
   C. 99　　　　　　　　　　　　　D. 49

二、多项选择题

1. 下列关于"四表"相关项目之间项目参照关系的表述中,正确的有（　　）。
   A. 资产负债表"盈余公积""未分配利润"与利润表"净利润"存在相互参照关系
   B. 资产负债表"其他综合收益"与利润表"其他综合收益"存在相互参照关系
   C. 所有者权益变动表项目与资产负债表所有者权益项目及利润表"净利润"存在相互参照关系
   D. 现金流量表各项目与资产负债表各项目及利润表各项目存在相互参照关系

2. 下列项目中，属于资产负债表中"流动负债"项目的有（　　）。
   A. 应付职工薪酬　　　　　　　　B. 应付债券
   C. 应交税费　　　　　　　　　　D. 一年内到期的长期借款
3. 下列各项中，属于应在资产负债表中列示的项目有（　　）。
   A. 预付款项　　　　　　　　　　B. 其他收益
   C. 递延收益　　　　　　　　　　D. 资产处置收益
4. 资产负债表项目中，应根据有关科目余额减去备抵科目余额后的净额填列的有（　　）。
   A. 存货　　　　　　　　　　　　B. 无形资产
   C. 应收账款　　　　　　　　　　D. 长期股权投资
5. 下列各项中，导致企业资产负债表"存货"项目期末余额发生变动的有（　　）。
   A. 计提存货跌价准备
   B. 用银行存款购入的修理用备件（备品备件）
   C. 已经发出但不符合收入确认条件的商品
   D. 收到受托代销的商品

三、判断题

1. "长期借款"项目，根据"长期借款"总账科目余额直接填列。（　　）
2. 企业发行债券收到的现金属于现金流量表中"投资活动产生的现金流量"。（　　）
3. 年末，企业应将于一年内（含一年）摊销的长期待摊费用列入资产负债表"一年内到期的非流动资产"项目。（　　）
4. 资产负债表日，应根据"库存现金""银行存款"和"其他货币资金"三个总账科目的期末余额合计数填列资产负债表"货币资金"项目。（　　）
5. 购买商品支付货款取得的现金折扣列入利润表"财务费用"项目。（　　）

四、不定项选择题

甲公司为增值税一般纳税人，适用的增值税率为13%，2021年12月份发生如下经济业务。

（1）12月1日，销售给A公司一批产品，销售价格1000万元，产品成本800万元。产品已经发出，开出增值税专用发票，款项尚未收到。为了及早收回货款，双方约定的现金折扣条件为：2/10，1/20，n/30（假定计算现金折扣时不考虑增值税）。12月16日甲公司收到A公司的货款。

（2）12月25日出售一台不需要的生产设备，设备账面原价4200万元，已提折旧680万元，已提减值准备为600万元（以前年度计提），出售价格4000万元。出售设备价款已经收到，并存入银行，假定不考虑增值税。

（3）摊销管理用无形资产20万元；计提管理用固定资产折旧300万元。

（4）本年度所得税费用和应交所得税为571万元；计提法定盈余公积171.3万元。

2021年12月1日，甲公司部分科目余额如表9-11所示。

表9-11 部分科目余额表　　　　　　　　　　　　　　　单位：万元

科目名称	借方余额	科目名称	贷方余额
库存现金	12	短期借款	7200
银行存款	11600	应付票据	600
应收票据	800	应付账款	3200
应收账款	6000	应付职工薪酬	60
坏账准备	-120	应交税费	250
其他应收款	180	长期借款	20000
原材料	800	实收资本	40000
周转材料	1000	盈余公积	2000
库存商品	1200	利润分配（未分配利润）	24282
长期股权投资	14000		
固定资产	77800		
累计折旧	-15200		
固定资产减值准备	-600		
无形资产	120		
合计	97592	合计	97592

要求：根据上述资料，不考虑其他因素，分析回答下列小题（产品、材料销售价格中均不含增值税；按实际成本核算，逐笔结转销售成本。答案中的金额单位用万元表示）。

（1）根据上述资料，下列选项表述正确的是（　　　）。

　　A. 12月1日，甲公司应确认收入990万元

　　B. 12月6日，甲公司应确认财务费用10万元

　　C. 出售固定资产使甲公司的待处理财产损溢增加2920万元

　　D. 计提应交的所得税应在"税金及附加"科目核算

（2）2021年12月31日资产负债表中的"应交税费"项目金额是（　　　）万元。

　　A. 4951　　　　　　　　　　　　B. 951

　　C. 711　　　　　　　　　　　　　D. 400

（3）2021年12月31日资产负债表中的"固定资产"项目金额是（　　）万元。

A. 58480　　　　　　　　　　　B. 59080

C. 57500　　　　　　　　　　　D. 58780

（4）甲公司本期发生的管理费用是（　　）万元。

A. 320　　　　　　　　　　　　B. 330

C. 326　　　　　　　　　　　　D. 336

（5）2021年12月31日资产负债表中的"未分配利润"项目金额是（　　）万元。

A. 24489.7　　　　　　　　　　B. 24661

C. 25232　　　　　　　　　　　D. 23209.7

知识测试与能力训练解析

参考文献

[1] 财政部会计资格评价中心.初级会计实务[M].北京：经济科学出版社，2021.
[2] 赵峰松.初级会计实务[M].北京：中国人民大学出版社，2020.
[3] 张俊清.财务报表分析[M].北京：中国人民大学出版社，2021.
[4] 高翠莲.企业财务会计[M].3版.北京：高等教育出版社，2021.